U0141178

大樂文化

大樂文化

用「最強指標」，創造一億人生

# MACD訊號操作法

【全圖解】用117張圖學會，有效辨識波峰波谷的多空力量，提前預判股價走勢！

韓雷◎著

大樂文化

# Contents

## 觀察0軸、背離及盤整，抓買賣點賺足價差 *127*

## 運用K線型態與量價分析，大幅提高勝率 *149*

# MACD 指標能幫你判斷趨勢，把握短期高低點

單一的技術分析方法無法對應多變的股市，建構良好的交易系統才能實現高效投資。

一般來說，良好的交易系統具有幾個特點：一是準確性高，即成功率高；二是決策客觀，能夠發出明確的買賣訊號；三是相容性好，既能判斷大趨勢，也能分析短期波動；四是應用難度低，即易學易懂，便於掌握。

MACD指標與那些用法單一、功能簡單的指標並不相同。在技術分析體系中，MACD指標是連接重要技術分析思路（趨勢運行規律、多空力量對比等）與短線交易技術（突破、超買超賣等）的橋樑。MACD交易系統就是以MACD指標的具體用法為核心，以眾多技術手段和交易策略為輔助的實戰交易系統。

股票交易的困難之處在於判斷高低點和趨勢，只有解決這些問題，才不會錯失買賣時機。MACD指標不僅繼承了移動平均線展示趨勢的特性，還具備指示短期高低點的功能。

## 如何建立適合自己、成功率高的交易方式？

MACD指標對於指標線運行型態、柱線伸縮和柱面區面積變化、指標的支撐與壓力作用、柱峰出現時間等，都有獨特的研判方法，而且不失準確性。

從指標的具體用法來看，MACD有呈現趨勢運行、反映價格短期高低點、指標型態領先於價格走勢等極強的實戰意義。單獨地使用任何一種技術分析方法，難免存在局限，往往只能看到市場的局部訊息。

綜合應用多種技術分析手段，才能更全面且準確地判斷市場運行方向，把握多空力量轉換，這也是建構MACD交易系統時應格外重視的。

此外，交易系統的建構絕不是一步到位。在建構的過程中，投資者不斷地累積知識和經驗，並修正認知，才能建構一個適合自己操作、成功率較高的交易系統。

交易系統反映出投資者的知識結構，而對交易系統的運用與執行效果，則與投資者的經驗和執行力有關。能否認真、有效地把交易系統運用到每筆交易中，是成敗的關鍵。

NOTE

/ / /

MACD，是Moving Average Convergence / Divergence的縮寫，直譯為「移動平均收斂／發散」，一般稱為平滑異同移動平均線。

MACD指標是一種預測股票價格波動方向的技術指標，它與那些用法單一、功能簡單的指標並不相同。在技術分析體系中，MACD指標是連接重要技術分析思路與短線交易技術的橋樑。

想更加好好運用這個重要技術分析工具，需要將其放在整個技術分析系統之中，首先要對技術分析方法的基礎知識，有比較系統的理解。本章將介紹如何結合技術分析理念，學習MACD指標的使用，進而為後續章節的學習打下良好的基礎。

# 第 1 章

# 學習 MACD 指標，強化你技術分析的功力

# 1-1 採取 2 大類分析法，預測股市行情和股價波動

無論是股市行情的好壞，還是股價的波動，人們總認為有章可循。尋找規律和共性，從已知預測未知，是累積知識的方法，也是金融市場的交易之道。

在股市中，一切交易都建立在預測的基礎之上，誰能夠更好、更準確進行預測，誰就能從中獲利；不懂預測方法或是對預測方法一知半解，結果往往是虧損。

金融市場經歷快速的演變，出現各式各樣的預測方法，這些預測方法可以劃分為兩大類：基本分析法和技術分析法。

## 基本分析法：企業內在價值為核心

基本分析法也稱為基本面分析法，它基於經濟學的基本原理：價格圍繞價值波動，分析企業內在價值，進而評估個股當前是否值得買進。

企業內在價值主要表現在企業個體之中，同時表現宏觀經濟情況、企業所處的行業發展前景等。宏觀經濟情況、行業發展前景、企業內在價值，這三個方面由大到小，構成基本面分析法的框架。其中，企業內在價值是基本面分析法的核心。

宏觀經濟情況與行業發展前景制約並引導著企業，它們決定了企業的未來成長空間。在宏觀經濟穩健的今天，各行各業均不乏機會，企業內在價值更多表現在企業的競爭力上，這可能表現為技術優勢，也可能

表現為擁有稀缺資源，當然還可能表現為企業管理層的能力。

無論是對宏觀經濟情況、行業發展前景，還是對公司經營情況、競爭力等的基本面進行分析，時間跨度都是較長的，所以，基本分析法更適用於中長線投資者。

## 基本分析的行業屬性

對於基本面分析來說，有系統的分析過程有三個步驟：一是分析宏觀經濟情況，二是分析行業發展前景，三是分析企業內在價值。宏觀經濟情況分析，適合在經濟週期轉向或產業結構大調整的背景下進行，時間跨度較大，投資者一般不需要重點關注。

一般投資者需要將更多的注意力，放在行業發展前景與企業內在價值分析上。行業五花八門，有新興行業、成長行業、夕陽行業，也有普通行業、週期行業等。無論哪一種行業，穩定性與成長性應該是投資者重點考慮的內容。

夕陽行業並無明確的界定。例如，技術升級換代、產業結構調整等，往往會使一些行業的發展遇到瓶頸，甚至被社會淘汰。例如，早些年的電視遊戲、VCD、膠捲照片等行業，由於數位技術、電腦及智慧手機的興起，已淪為夕陽行業。

身處這類行業中，企業如果沒有及時革新技術並進行轉型，則將被淘汰。此外，那些不符合經濟發展方向的高污染、高耗能的行業，也屬於夕陽行業。例如，火力發電被風力發電、水力發電等取代，燃油車被新能源車取代，都是經濟朝更環保、更節能的方向發展。

在這些行業之中，企業或求變謀發展，或退守被淘汰，投資者在挑選個股時，需要辨別再下決定。

普通行業往往被稱為防禦性行業，主要指那些生產生活必需品，以滿足人們日常需要的行業。例如百貨、食品、餐飲、住宿、交通、石油等，這些行業往往競爭激烈，品質、服務、口碑是衡量這類行業中企業的重要標準。投資這類個股主要看當前企業的經營情況，以及股價估值是否合理。

週期行業只是一種歷史說法。一些行業的起落往往呈現週期性特點，例如農產品、養殖、資源等行業，其市場呈現出週期性特徵，一方面是因為這類行業與天氣有關，另一方面是因為行業規模的變化。

以養殖業為例，當某個品種利潤變多時，就會吸引更多的養殖戶改變策略，從而未來供給將大幅增加，而市場的需求又是相對穩定的，這就造成行業利潤的大幅減少。

挑選具有週期性的個股時，除了關注企業的行業競爭力，更應注重時機。在企業利潤明顯過多時，股價也往往處於高位，這時並不是好的佈局時機，因為行業可能正處於或接近週期性高點。

新興行業與成長行業並無明確界限。一般來說，新興行業指那些剛剛興起的行業，例如人工智慧、3D列印等。身處其中的企業往往正處於技術研發階段，大量的資本投入研發之中，在中短期內很難有優異的產出成果，因此這類企業的業績往往不佳，多處於微利狀態。

新興行業與成長行業中的個股的走勢不確定性較大，一旦企業研發成功，產品的競爭力會大大提升，業績會跳躍式增長；反之，則有可能前功盡棄，虧損累累。對於這類企業，投資者僅憑藉公開的資料是很難對企業做出準確評估，並不適合大多數投資者。

成長行業主要是指那些已具有一定行業規模、一定市場空間，且前景光明，符合經濟發展方向及未來市場廣闊的行業，例如新能源、資訊安全、大數據、生物製藥等。

這些企業更多是依賴於技術開發能力、核心產品競爭力等，往往有極強的成長性。有些企業處於高速發展中，但也有些企業會被淘汰，因此，投資這類企業需要慧眼識珠。

## 案例解析：景氣循環股

資源股是典型的景氣循環股（又稱週期股），當經濟發展放緩、市場消費萎靡時，與經濟走向密切相關的工業類金屬（如銅、鋁、鋅等）

圖1-1 山東黃金 2011 年 11 月至 2020 年 1 月走勢圖

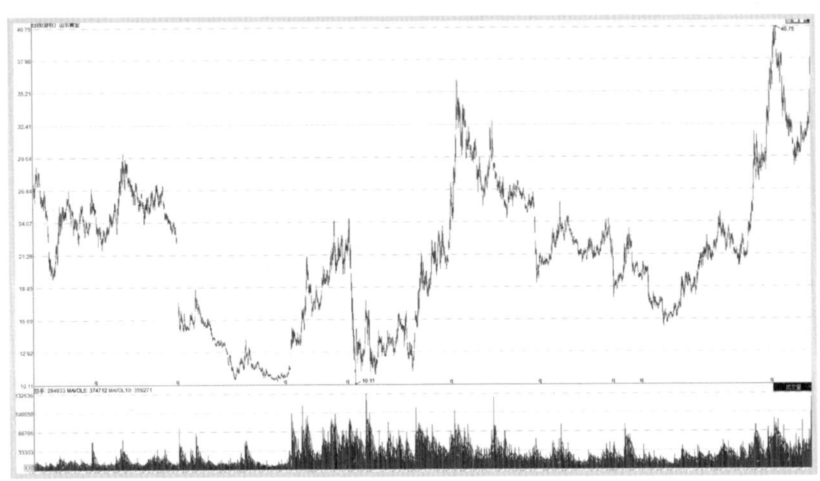

價格往往會大幅下跌，步入下跌週期，特別是當其處於歷史高位時。

另一方面，當經濟發展快速、市場需求旺盛時，這些工業需求旺盛的資源種類價格往往會持續上漲，進入上升週期，特別是當其處於歷史低位時。

圖1-1是山東黃金2011年11月至2020年1月走勢圖圖。黃金股是典型的景氣循環股，它的走勢雖然受制於股市整體表現，但更多取決於金價的表現。

黃金價格的波動呈現出週期性特點。通脹的加劇、美元的貶值，或者股市泡沫，導致避險情緒上升，都會推動金價上漲。當多種因素共振並能夠在較長時間保持時，金價就步入上升週期；反之，則會進入下跌週期。

從圖1-1中，可以看到此股的週期波動幅度極大，這是因為黃金股可以看作金價走勢的放大器，週期性特點更為鮮明。當金價持續上漲且疊加股市向好時，黃金類個股能持續走強，在一輪上升週期中出現極大的累計漲幅。

當金價持續下行且疊加股市走弱時，黃金類個股就會從高位區持續下行，在一輪下跌週期中出現極大的累計跌幅。

從這個案例也可以看到，企業經營情況良好、行業地位突出的景氣循環股，其股價走勢往往呈現大起大落的週期性特點。因此，在選擇這類個股時，要把握好以下兩點。

第一，不宜在股價經歷大幅上漲後的高位區買進，因為此時的週期上升空間越來越小，一旦出現週期轉向，跌幅將是極大的。

第二，關注行業領頭企業，即具有行業龍頭地位的企業。這類企業的業績變化更多取決於資源種類的週期性變化，且具有較強的週期性抗風險能力，低位佈局的風險會更小。

至於小型企業由於抗風險能力較弱，當新一輪上升週期出現時，往往由於前期應對下跌週期而實施的各種操作（例如裁員、縮減規模等），很難再度把握上升週期帶來的獲利，投資者低位佈局的風險將會更大。

## 藍籌股的本益比評價

依據行業特點，基本面選股可以重點關注兩種股票：一是藍籌型績優股（簡稱藍籌股），二是價值型成長股（簡稱成長股）。

藍籌股，也稱為大盤藍籌股，是指那些資產規模龐大、行業地位突出、獲利較為穩定的個股。這類個股由於行業地位十分突出，因此有著較強的獲利能力，由於已有較高的市場佔有率，因此其擴張空間相對較小，業績增速相對乏力。挑選這類個股可以關注其本益比，瞭解估值狀態，進而決定是否買進。

本益比的計算公式是「股價÷每股盈餘（EPS）」。本益比反映在每股獲利不變的情況下，假設企業將全部利潤用於股息分配，經過多少年投資可以透過股息全部收回。

例如，本益比為20倍，如果上市公司將所得的稅後利潤全部分紅配息，20年後，投資者可以透過分紅配息收回投資本金。在每股收益不變的情況下，本益比可以在一定程度上反映個股的估值情況。

對於本益比來說，既要關注市場整體，也要關注行業特點。像銀行、電力、鋼鐵、煤炭這些成長性較差的行業，平均本益比普遍偏低；而像食品、白酒、醫藥這些具有一定增長空間的行業，平均本益比則要相對高一些。

當股市的週期起伏，或是中短期的深幅調整導致一些藍籌股本益比較低時，在企業經營未出現明顯變化的情況下，佈局這類處於被低估狀態的藍籌股是一種相對穩健的基本面選股法，這類個股由於有業績支撐，隨著市場的回暖，股價會回歸到合理的估值狀態。

## 成長股的財務評價

快速成長型的個股多誕生於前景廣闊的成長行業之中。這些行業或符合經濟發展趨向，或符合產業結構升級，如果企業做得好，很容易打開市場空間，獲得快速成長。

股價是會圍繞上市公司的實際價值而波動。一些快速成長的企業，其淨利潤可以連續大幅度增長，而這種增長又是一種複合形式的增長，必然會帶動股票價格的複合式增長，為投資者帶來高額的回報。

炒股就是炒預期，成長股是股市的魅力所在，投資者一旦買進正確的成長股並能夠耐心持有，往往能取得不菲的獲利。

挑選成長股的方法既不單一，也不簡單，除了關注行業特性之外，企業自身的結構與管理層也是需要瞭解的。

一般來說，若上市公司規模較小且有著獨特的優勢（資源優勢或技術優勢），很容易快速打開市場空間，實現利潤的高速增長。因此，成長股多誕生於一些小型股中。當然，中型股也有望成為成長股，這取決於實際情況。

在前面說明藍籌股時，透過本益比這個指標來瞭解其估值狀態，這個指標同樣適用於成長股。由於成長股的快速成長性，它會享有一定的溢價空間，其本益比相對高一些，但也應處於合理範圍之內，一般來說，不宜超過40倍。

對於單獨一支個股來說，在其成長速度變化不大的情況下，投資者可以結合它的歷史估值狀態來分析。此外，股東權益報酬率、銷售毛利率這兩個財務指標，也可以幫助我們瞭解個股的成長性。

股東權益報酬率是企業稅後利潤除以淨資產得到的百分比，用以衡量企業運用自有資本的效率。一家企業在快速成長過程中，由於其利潤不斷增長，淨資產也會同步增長。

快速增長的淨資產是否能同步創造出較高的利潤？可以利用股東權益報酬率這個指標來衡量。

如果企業在快速成長的同時，其股東權益報酬率一直保持在較高的水準，說明企業的獲利能力並沒有隨著企業的擴張而下降。反之，如果股東權益報酬率不斷下降，這往往是企業資金運用效率低的表現，說明遇到發展上的「瓶頸」。

衡量一支個股是否具有快速成長性時，可以觀察一下它近兩年來的股東權益報酬率。一般來說，上市公司可以保持平均每年不低於8%的股東權益報酬率，意味著它的成長性較好。

如果企業有著優良的股東權益報酬率，股價估值相對合理，獲利能力未出現改變，則該股未來有望保持這種快速成長性。

毛利是商品銷售收入減去商品進價後的差額；銷售毛利率是銷售毛利占銷售淨值的百分比。毛利要大於企業的利潤，因為在核算企業利潤時，還要將相應的管理費用、人力成本等扣除。沒有足夠的毛利，企業就難以實現獲利。

毛利率有助於判斷企業所處行業的競爭激烈程度，如果行業競爭激烈，不可能有較高的毛利率，企業股價也難以有高增長。如果毛利率較高，說明企業獲利很容易，這樣的企業往往有著獨特的資源或技術優勢，保障它有較強的定價權，可以很好地保障自己的利潤空間。

在利用毛利率指標時，採取橫向比對、縱向比對的綜合方法。橫向比對，即在同一行業內，關注不同企業的銷售毛利率情況；縱向比對，利用行業平均毛利率，來看看哪些行業更容易獲利。

例如，一些品牌價值較高的白酒企業，如貴州茅台、五糧液，普遍有著較高的毛利率，這一方面說明企業利潤豐厚，另一方面也表明產品較為暢銷。可以說，毛利率這個指標可以幫助我們瞭解企業在行業內的競爭力，把握其成長性。

## 技術分析法：關注市場本身

與基本面分析法不同，技術分析法主要關注市場本身。技術分析派認為，市場的走勢源自資金驅動，資金的進出力道決定多空的強弱，這可以透過盤面資料呈現，如價格走勢、成交量、盤面成交細節、掛單情況等。

技術分析法主要依據盤面買賣交易資料，來分析多空力量的轉變情況，從而預測價格的中短期走勢。關注市場本身的買賣交易行為，透過研判買盤與賣盤的變化趨勢，來預測股市價格的變動趨勢。

在技術分析法中，市場的買賣交易行為是分析的重點，由於市場行為能透過價格走勢、成交量、分時線型態、盤中成交情況等形式呈現出來，因此技術分析往往圍繞這些內容展開。

技術分析法與基本面分析法雖然側重點不同，但並非不相容。基本面分析法得出的結論因為忽略市場，所以短期內很難表現在個股走勢上。但有業績增長為支撐的個股，最終還是會獲得市場認可，從而也會有資金驅動個股上漲，這就表現在技術分析法的層面。

實盤操作中，以基本面分析法為綱，以技術分析法為核心線索，不僅可以規避一些個股潛藏的「黑天鵝」，還可以更好地提高獲利效率。

此外，技術分析法還能夠解釋那些業績不佳，卻能夠大幅上漲的個股。因為這些個股或是源於熱門題材，或是源於主力資金積極參與，或是源於中短期內的市場超賣狀態等。

對於只能從公開資料中瞭解企業經營情況的投資者來說，技術分析法有著獨特的優勢。

## 技術分析法 3 大假設

整個技術分析體系是一個完整的架構，它以道氏理論闡述的趨勢運行規律為根基，以波浪理論、箱體理論、江恩理論等經典技術分析理念為橋樑，形成了多種多樣的技術分析方法。

想要更好地理解技術分析法，有三個假設一定要知道，這三個假設如同幾何學中的公理，其地位類似於基本面分析法的假設——價格圍繞價值波動。

### 假設 1：市場行為包含一切

「市場行為包含一切」這個假設指出，影響市場和個股價格的各種因素（如利率的調整、政策導向、個股業績增減、主力控盤行為、投資者情緒變化、消息面或題材面等）都會被市場行為本身充分表現出來，它也解釋了為什麼技術分析者不用過於關注基本面分析。

基於這個假設，價格的變化應該是技術分析者關注的主要對象。實際上，技術分析者只不過是透過研究價格圖表及大量的輔助技術指標，來揭示市場最有可能的走勢。

### 假設 2：價格依據趨勢運行

自然界有物理規律。例如萬有引力定律就是對自然界客觀規律的一種揭示。金融市場也存在客觀規律，這就是趨勢運行規律，道氏理論最先揭示了這個規律。

所謂的「趨勢」是指價格的中長期走向，也是技術分析領域中最重要的概念之一，它指出市場的運動方向絕不是隨機，也不是雜亂無章，而是有整體性方向。依據趨勢的方向性，可以具體分為上升趨勢、下跌趨勢、水平趨勢三種。

價格依據趨勢運行是指，從中長期來看，價格的總體運行有著相對明朗、前後一致的方向。我們常說的「順勢而為」就是建立在這個假設之上。但是，一種趨勢形成之後，不可能永遠持續下去，趨勢也會發生變化。趨勢的相關內容，我們將在第2章進行詳細說。

### 假設 3：歷史往往會重演

「歷史往往會重演」這個假設是指，相似的市場環境及影響因素，將演繹出相似的未來走勢。可以說，打開未來之門的鑰匙隱藏在歷史裡，或者說將來是過去的翻版。透過研究在過往買賣交易過程中產生的圖表，我們能以史為鑑，預測股價的未來走勢。

對於這個假設可以這樣理解：技術分析理論與人類心理學有著較為密切的聯繫，市場行為本身也確實驗證這一點。人們在研究中發現：相似的價格型態、相似的交易資料的個股往往有相同的後期走勢，這些價格型態、交易資料正好反映投資者看多或看空的心態。

以三大假設為根基，「技術分析大廈」變得堅固而挺拔，各種類型的技術分析法也不再是無根之木、無源之水。對於投資者來說，瞭解這三大假設之後，能增強運用技術分析法時的信心。

但需要注意，要合理、客觀地運用技術分析法。MACD指標就是一種獨特的技術分析指標，而本書的目標就是研究、探討MACD指標的運用方法。

## 常見 6 種技術分析法

以不同的盤面資料為切入口，技術分析法有不同的種類，指標分析法只是其中的一種。實盤操作中，綜合運用多種技術分析法，可以更好地把握市場全貌，提高預測成功率。下面簡要介紹一些常見的技術分析法。

### 分析法 1：經典理論

經典的技術理論不僅從某一角度出發深入地探討股市運行規律，而且是各種型態分析、技術指標設計的基礎。例如，道氏理論揭示趨勢規律，波浪理論闡述趨勢表現形式，江恩理論將幾何學方法引入，黃金分割理論則借鑑了自然界的型態之美——黃金分割率，等等。利用經典理論，我們展開交易就會有一個相對明確的方向。

## 分析法 2：型態

型態即價格的運行軌跡。型態分析法主要是基於技術分析法中的「歷史往往會重演」假設，透過歸納、總結不同價格型態所蘊含的多空訊息來預測價格的未來走向。

在型態理論中，由於K線形象地反映市場或個股的運行軌跡，因此型態分析法也就是K線分析法。透過一些典型的K線型態（單日型態、多日組合或是局部型態），我們可以推測出股市或個股當前處在什麼位置，進而指導操作。

## 分析法 3：量價

量價分析法是將價格型態與成交量型態共同納入分析範圍。有一定經驗的投資者會遇到這樣的情形：相似（甚至相同）的價格型態，在不受消息面影響的情況下，完全可能演繹出方向相反的走向。

之所以如此，是因為型態分析法只考慮多空雙方的交鋒結果，沒有分析具體的交鋒過程。力道不同的多空交鋒，即使當前結果相同，對後期走勢的影響未必相同。多空雙方的交鋒力道，正是透過成交量型態表現出來。

量價分析法將量能與價格結合起來，可以更好地幫助我們分析多空力量的變化。可以將成交量看作市場運行的動力，量價分析法的實質是動力與方向的分析。美國著名的投資專家葛蘭碧曾經說過：「成交量是股票的元氣，而股價是成交量的反映罷了，成交量的變化，是股價變化的前兆。」這句話可以說是量價分析法的核心內容。

## 分析法 4：主力行為

股市的投資者大致可以分為兩類，一類是資金薄弱的個人投資者，一類是資金強大的主力投資者。有一定投資經驗的投資者都知道主力的重要性，對於一支個股來說，主力的作用毋庸置疑。

有主力參與的個股與沒有主力參與的個股，在走勢上往往相差甚遠。主力是一個相對廣泛的概念，可以是基金、機構投資者，也可以是市場游資，當主力參與一支個股後，個股的波動幅度一般會加大，走勢也往往更加淩厲，特別是市場游資偏愛的題材型個股。

在一輪行情發展、持續的過程中，主力往往扮演著趨勢推動者的角色。把握主力的動向與意圖，投資者就可以提前佈局，分享主力拉升帶來的獲利。

基於這樣的情形，就出現了一種較為獨特的技術分析法：主力行為分析法。這種分析方法透過盤面訊息、盤面型態，分析個股是否有主力資金介入，再結合個股的運行軌跡來推測主力的市場行為，進而為投資者交易提供指導。

## 分析法 5：技術指標

技術指標分析法是將數學中的量化方法與股市中的技術分析思想相結合的產物。指標的設計依據某種技術分析理念、技術分析思想，在此基礎上，以相關的盤面資料為參數，建立一個數學函數，這個數學函數可以在一定程度上反映這種技術分析理念。

數學函數計算得到的函數值，以及函數值連接而成的曲線，可以定量呈現市場的相應多空訊息，並對買賣交易給予提示。

依據不同的設計理念，技術指標也分為多種類別：趨勢類指標、能量類指標、成交量指標、擺動類指標、大盤類指標、相關專業指標等。靈活地使用這些不同種類的技術指標，既能夠很好地識別趨勢運行，也可以準確地把握短期的高低點。

由於每一類技術指標關注的著重點不同，所以要想在股市中對個股的走勢有全面的把握，綜合運用多個指標是一個很好的方法。這種綜合運用的分析思路也會應用於本書對MACD指標的講解上。

## 分析法 6：盤面分時圖

盤面分時圖分析法是指以盤面的分時線、均價線、分時量及各種即時的盤面行情資料為依據，來分析多空力量的變化情況。由於盤面分時圖分析法捕捉的是即時多空力量變化，因此它是一種超短線的分析方法，適用於出擊短線強勢股、回避短線弱勢股。

但是，盤面分時圖分析法也有不足之處。由於盤面分時圖易受偶然因素影響，如大盤的突然波動、場外消息、主力市場行為等，因此僅憑盤面分時圖技術，往往很難準確把握價格的中長期走勢。

短線的倉位控制、出擊時間往往是以趨勢運行為背景展開的，因此在實盤操作中，如果能在運用盤面分時圖分析法的同時，顧及趨勢運行情況，則短線交易成功率將更高。

# 1-2 借助 10 種技術交易觀點，發現適合自己的方法

瞭解市場預測方法的兩大基本類別後，可以知道，技術分析法的實用性更強一些，特別是對於中短線操作。但是，面對多種技術分析法，又該如何著手？是任選一種，還是全面覆蓋？是學精一樣，還是每樣都會一點？

其實，技術類投資者之所以有這樣的困惑，還是因為對技術分析法的理解不夠。技術分析法和技術觀點是多樣的，投資者交易風格也是多樣的，要想從繁多的技術分析法中找到適合自己的，一定要對形形色色的技術交易觀點有所瞭解。

技術交易觀點，也可以被稱為實踐性的技術分析理念，它超越具體的技術分析法（如型態分析法、量價分析法等），是用於指導交易的技術思想結晶。

## 趨勢運行觀點，把握價格運動大方向

趨勢是一種客觀規律，它廣泛存在於各個領域。趨勢代表著事物明確的、可預見的發展方向，它描述的是一種漸進的、連續發生的線性規律。

如果我們能發現這種規律，就可以有效預測事物的總體走向。例如，當我們說「技術進步是社會發展的趨勢」時，其中的「趨勢」一詞就蘊含客觀規律性這一層含義。

同樣地，在股市中也有趨勢。這種趨勢雖然看起來很簡單，但在實際運用中，往往會有一種「雲深不知處」的困境。起初，人們普遍認為個股的走勢是獨立的，互不相干，直到今日，金融市場規模擴大，個股走勢之間產生連動效應，才使得敏銳的分析家意識到原有市場理念的錯誤。

查爾斯·道最早發現並揭示股市中的趨勢運行規律。這些觀點被後來者威廉·漢彌爾頓和羅伯特·雷亞繼承發展，形成我們今天看到的「道氏理論」。

道氏理論的核心就是闡述趨勢運行規律。以道氏理論為基礎，許多的技術分析方法如雨後春筍般破土而出，因此道氏理論是技術分析領域中的開山理論。

「趨勢運行」觀點也是基本的技術交易觀點，如果否定了這個觀點，或是偏離它的核心思想，很多技術分析法就會變成無根之木、無源之水。那麼，什麼是趨勢呢？

股市中的趨勢指的是價格運動的大方向，而價格運動的大方向只有三種，即向上、向下、橫向。因此，有三種具體的趨勢：上升、下跌及水平趨勢。一些書中也常將水平趨勢看作「趨勢不明」的一種狀態，是原有趨勢（上升趨勢或下跌趨勢）的過渡或轉折環節。

借助趨勢運行的觀點，我們在操作時就能更好地把握大局，而不是追逐股價忽上忽下的頻繁波動。從中長期來看，依據該觀點操作有利於實現資金穩步增長、規避短期風險。

圖1-2是上證指數2014年4月至2015年9月走勢圖。2014年下半年至2015年上半年，股市一直處於上升趨勢。起初是緩慢地上漲，可以看到指數重心緩慢上移；隨後是強度較大的突破上行，這是上升趨勢持續推進的典型特徵；最後，是加速上攻階段，此時的累計漲幅較大，市場也處於高估狀態，應留意趨勢的轉向。

雖然不是每一輪的趨勢推進都有如此長的時間與如此強的力道，但當一輪趨勢初步形成後，往往能在之後較長一段時間內繼續沿原有的方向行進。理解市場及個股的這種趨勢運行特徵，會為投資者制定交易策

圖1-2　上證指數 2014 年 4 月至 2015 年 9 月走勢圖

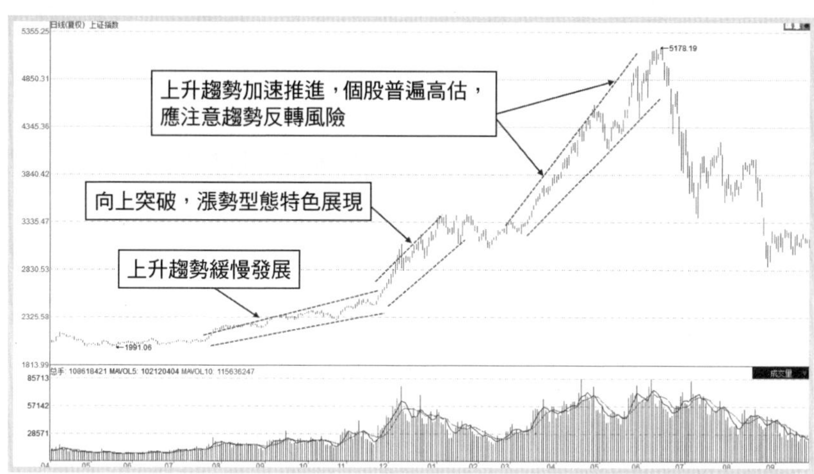


略提供很好的指導。

## 隨機漫步觀點，主張市場不可預測

市場是可以預測還是不可預測？對其不同的解答，直接衍生完全相反的交易觀點。

認為市場或個股是可以預測的，就可以著手分析，發現趨勢，尋找機會；認為市場或個股是不可以預測的，那任何分析都會變得沒有意義，買股票獲利與否全憑運氣。

對於市場不可預測的論述，其中最著名的理論當屬「隨機漫步」。美國經濟學家波頓．墨基爾（Burton G. Malkiel）在其經典著作《漫步華爾街》中闡述隨機漫步理論。該理論認為，股市上的投資獲利是隨機的，不可預測。

該書強調長期來看，價格是不可預測的，任何分析方法都不能有效地預知價格的趨勢。因此，基金經理的績效不可能一直高於市場總體平均水準。

隨機漫步理論是建立於有效市場假說之上。有效市場是指市場上的每一個人都懂得分析，而且流入市場的訊息全部都是公開的，所有人都可以知道，並無秘密可言。

買方與賣方同樣聰明機智，他們能夠接觸同樣的資訊，沒有某一方能戰勝股市，股價早就反映一切了。

依據隨機漫步理論，選股方法不再重要，如果我們對著報紙的股票版丟擲飛鏢，也照樣可以選出戰勝市場的投資組合。這樣看來，如果隨機漫步理論成立，所有股票專家都無立足之地。

透過上面介紹可以看到，隨機漫步理論看似有一定的依據，因為我們常說市場是有效的，市場走勢已反映一切，這也是技術分析的假設之一。但是，隨機漫步理論高估投資者的分析能力，也脫離對投資者心理和情緒對市場、個股走勢影響力的觀察。

過於單純理性地分析市場，自然就脫離事實，這也使得隨機漫步理論只是一種理論，投資者瞭解即可。

## 週期循環觀點，牛熊市交替出現

週期循環是建立在趨勢運行規律之上。它指出牛市（即上升趨勢）與熊市（即下跌趨勢）是交替出現的，一個牛市結束之後，緊接而來的是熊市；而一個熊市結束之後，緊隨而來的是牛市。

簡單來說，週期循環指出股市的趨勢循環特徵，其中以波浪理論最著名。在波浪理論中，技術分析專家艾略特不僅闡述股市的週期循環特點，還總結出運行細節，這對於投資者把握趨勢運行有著極強的指導作用。

由於波浪理論在技術分析領域的重要性，我們將在第2章趨勢分析技術時單獨介紹。

在實盤操作中，週期循環觀點用於大規模且行進速度快的大行情，

圖1-3　上證指數2002年8月至2020年4月走勢圖

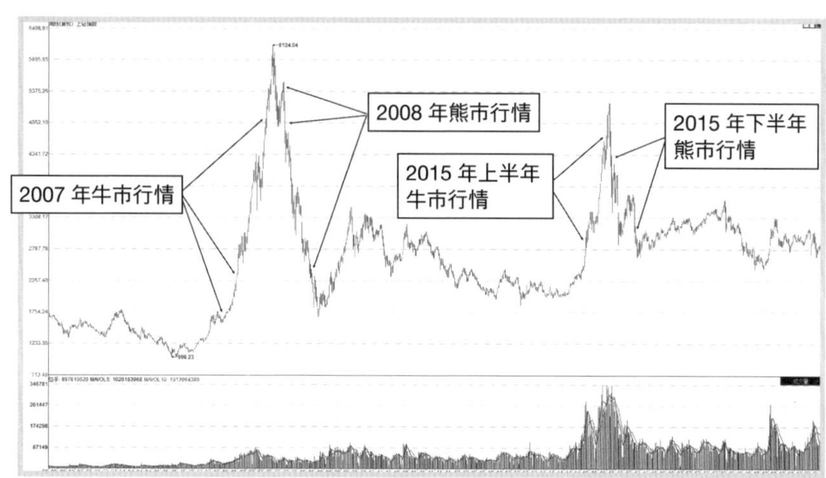


往往能夠發揮很好的作用。但這種大起大落、型態鮮明的典型週期行情往往要間隔數年才能出現一次。

圖1-3是上證指數的週K線走勢圖。圖中標注兩輪典型的牛、熊市交替行情，特徵十分鮮明。在這兩輪大行情中，每一輪牛市行情，都具備行進速度快、幅度大的特點，與之速度、幅度相對應的熊市行情，也緊隨而至。

從週期循環的觀點來看，市場能夠在半年或一年左右的時間內出現翻倍甚至是兩三倍的上漲行情，必然脫離基本面支撐，這大多是資金面推動所致。資金面的推動很難持久，一旦消退，大規模的下跌行情也將緊隨而至。

## 箱體理論觀點，以箱體呈現股價波動

箱體理論是基於一種特殊的價格視角，它是由尼可拉斯·達華斯

圖1-4 三安光電 2019 年 4 月至 11 月走勢圖

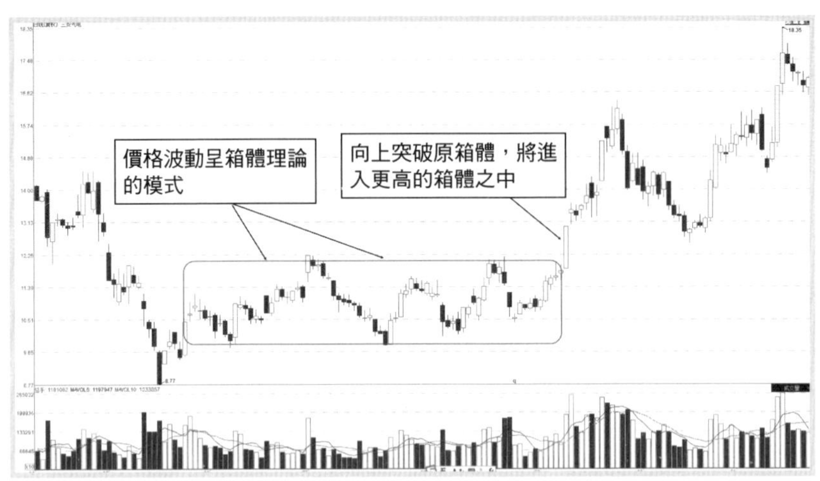


（Nicolas Darvas）所提出。達華斯是短線交易專家，他在1950年代中期進入股市時只有幾千美元，短短3年時間投資股票，就將帳戶資金成功增值到200萬美元，創造一個股市奇蹟，其採用的方法就是順勢的箱體交易法。

箱體理論指出，價格的波動是以箱體的方式來實現，而且箱體的發展方向能夠展示趨勢。

當原有箱體被向上突破之後，意味著當前處於漲勢，價格也將進入一個更高的箱體中。反之，當原有箱體被向下跌破之後，就意味著當前處於跌勢中，價格也將進入一個更低的箱體中。

圖1-4是三安光電2019年4月至11月走勢圖。該股的橫向震盪呈現箱體理論，此時的趨勢尚不明朗，隨後向上突破這個箱體，這是漲勢出現的訊號，也預示價格將在更高的箱體裡波動，此時是順勢買進的時機。

不難看出，箱體理論的模式與我們慣用的「低買高賣」短線策略不同，因為低買高賣並沒有關注趨勢，而箱體交易則是順勢而為。但是，在實際應用中，箱體交易法難免有「追漲殺跌」的短線交易嫌疑，因此，結合個股及市場情況，找到買賣時機顯得十分重要。

## 支撐壓力觀點，判斷趨勢反轉

「支撐壓力」是一種結合中長期趨勢，與短期方向選擇的技術類觀點。價格在波動過程中，由於受到買賣雙方資金實力，以及市場上大量技術分析類投資者操作的影響，在較為重要的點位，會遇到較為明顯的壓力或支撐。而且，同一點位的支撐與壓力作用，往往會隨著價格走勢的演變而出現變化。

對於廣大技術分析者而言，支撐壓力觀點並不陌生。例如，我們經常聽到的回檔買進、逢高賣高、突破進場、跌破離場等說法，其實都是源於支撐壓力觀點。

以其中的「回檔買進」來說，這是看漲大趨勢，即市場或個股的大方向是向上的，而回檔就是指一個中短期內的強支撐點，由於走勢向上，買盤資金實力更強。因此，逢低進場的資金要明顯強於賣盤，從而形成支撐。以下我們舉例說明。

下頁圖1-5是盛弘股份2019年3月至2020年2月走勢圖。在中長期的低位區，該股出現明顯的回穩特徵，價格長時間維持震盪格局，且重心略有上移。圖中呈現震盪區的支撐位，將相鄰的兩個明顯回檔低點相連，這條線必須是傾斜向上的。

尋找支撐位源於對趨勢反轉的判斷，這基於市場整體、個股估值、行業發展等多種因素。找到支撐位以後，就可以耐心等待。當股價再度回檔至此點位附近時，就是一個較為理想的進場時機。

從圖1-5案例也可以看出，在尋找支撐位時，預判的中期行情是向上的，或者是中短期內將有較強的反彈力道。與之相反的是尋找壓力位，此時預判中期行情是向下的，或者是中短期內可能有較強的下跌力道。

圖1-5 盛弘股份 2019 年 3 月至 2020 年 2 月走勢圖

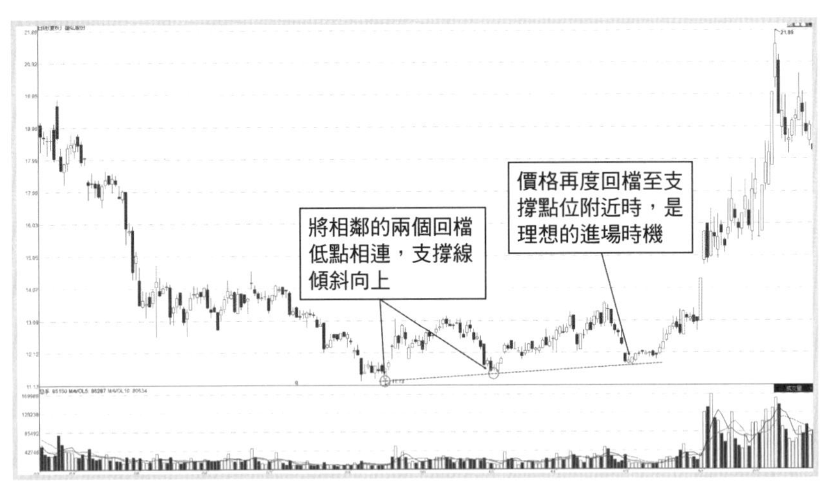


## 緩漲急跌觀點，展現市場心理過度反應

緩漲急跌既是市場運行的一種反映，也是一種技術交易觀點，這種觀點得到大量的市場運行證實。

如果我們足夠細心，會發現這樣的事實：在沒有明顯利多消息推動，或者市場處於較為正常的運行軌道中，上漲走勢總是顯得不緊不慢、緩緩發展。

當大多數投資者習慣這種市場波動的格局後，這種走勢往往又會因一些看起來並不明顯的利空消息被打破，出現短期急速下跌走勢。

如果僅以消息面來解釋，下跌的速度、幅度與消息的利空程度，顯然不成正比，而且在任何一個時間段，市場總是充斥著各種利多與利空訊息。

其實，緩漲急跌的觀點與其說是對消息面的反映，不如說是市場心理過度反應的表現，而且這也是金融市場博弈的結果。

圖1-6　上證指數 2017 年 4 月至 2018 年 3 月走勢圖

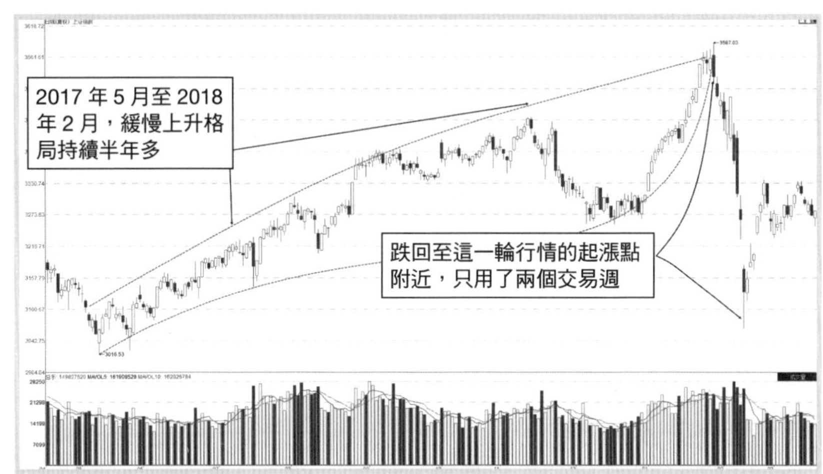


當大多數投資者接受市場的慣性上漲格局後，由於對手盤的缺失及獲利了結心理的增強，少量的賣盤往往大幅拉低價格，也就進一步激發市場的恐慌心理。

無論是專業投資者，還是個人投資者，對於同等程度的漲跌幅而言，下跌時的恐慌情緒要明顯強於上漲時的熱情。正是基於買盤力量及市場心理等因素的影響，在消息面的誘發下，促成了股市上「緩漲急跌」的格局。

圖1-6是上證指數2017年4月至2018年3月走勢圖。從2017年5月開始步入震盪上行格局，歷時半年多，指數漲幅近20%，但是隨後僅用兩個交易週，就吞沒半年多的上漲成果。可以說，這是緩漲急跌觀點的典型表現。

這種快速下跌走勢自然與消息面有關，因貿易層面的一些因素，市場上出現短期的恐慌心理，導致股價的快速下跌。

緩漲急跌的技術觀點時刻提醒著我們，即使在趨勢向好、穩健攀升的市場環境中，也不宜放鬆對於風險的掌控，特別是當市場出現明顯不利的消息面時。較為穩妥的策略是，先離場觀望，待消息面平靜，市場恢復到正常交易狀態時，再擇機進場。

## 相反行為觀點，一面倒不一定正確

金融市場是一個多空雙方博弈的市場，只有少數聰明的投資者才能獲利。股市流傳著「七虧兩平一賺」說法，雖然缺少具體統計資料，但這句話提示我們，當出現一面倒的觀點時，這種觀點很可能是錯誤的。

股市也有一種說法：「行情在絕望中產生，在猶豫中發展，在狂歡中結束。」當大多數投資者因市場持續、大幅的下跌而一致看淡後市時，行情可能在悄悄萌芽。

當市場開始轉向上行時，前期的熊市心理仍佔據重要地位，市場分歧較大，但「聰明」的資金不斷進場，恰好成為市場持續運行的動力。當市場加速上行，投資者普遍看漲時，已明顯偏離基本面，此時獲利盤開始不斷離場，但大眾投資者接盤進場，意味著這時的行情離結束也不遠了。

「相反行為」觀點正是基於以上判斷，其基本觀點建立於群眾的買賣行為上。相反行為觀念認為，大多數投資者看好後市，這種一致的看法是最大壓力，如果此時正逢市場明顯高估，則少量利空消息就可能導致行情結束，熊市出現。反之，大多數投資者看淡後市，如果此時正逢市場明顯低估，則很可能意味著熊市已接近結束。

「大眾擔憂的那件事，最終沒有發生；大眾不擔憂的那件事，最終一定發生。」這可以說是相反行為觀點的核心內容。

相反行為觀點是一種綜合性的交易觀點，它既不是純粹的技術分析法，也不是保守的基本面分析法。它融合了技術分析、大眾心理、經濟前景、市場估值、輿論傾向等多種因素，對於市場經驗不足的投資者來說，十分難把握，因為要利用這種觀點把握進場、離場時機，需要獨立思考。

此外，我們也應瞭解，相反行為觀點並非指大多數投資者看多時，我們就應看空，或者當大多數投資者看空時，我們就應看多。相反行為觀點並不是說大眾一定是錯的，其實市場的上升或下跌走勢仍是大多數投資者合力完成。

相反行為觀點考慮的是一個變化的過程，對投資者的參與倉位、交易策略提供指導。

## 長線持股觀點，跨越牛熊市的走勢

乍看之下，長線持股這種觀點，似乎與「趨勢運行」觀點相矛盾。其實不然，沒有個股能夠脫離市場趨勢的影響，但是有一些個股能夠在牛市或震盪股市中持續不斷上漲，而在熊市中則只出現幅度相對較小的回檔。

可以說，這類個股上漲時強於大盤，下跌時則弱於大盤。從長期來看，這類個股確實擺脫市場「原地踏步式」的週期循環，走出自己獨有的震盪上行格局。

這種長線牛股一般都有著堅實的主業支撐，且成長性極佳，而股價自然是與業績連動的。在牛市或震盪股市中，這類個股成績出眾，漲勢更強；在熊市或弱勢格局下，則不太突出，跌幅較小。對於長線持股操作來說，「選股」與「把握入市時機」是決定成敗的關鍵因素。

這類可以跨越牛熊市的個股鳳毛麟角，投資者擁有足夠的專業知識，且對行業及企業的未來發展空間有相對準確的評價，才能找到這類個股。而且，在買進時要有相對合理的價格評估，這往往需要足夠的耐心來等待股價的回檔。

下頁圖1-7是恒瑞醫藥2015年5月至2020年5月走勢圖。在長達5年的時間裡，該股始終保持著總體上升的勢頭，期間偶爾受大盤影響而出現深幅下跌，但當市場回穩後，該股能夠重拾漲勢並再創新高。這種獨立於大盤的上漲走勢，取決於企業不斷提升的獲利能力，以及開闊的行情前景。

圖1-7 恒瑞醫藥 2015 年 5 月至 2020 年 5 月走勢圖

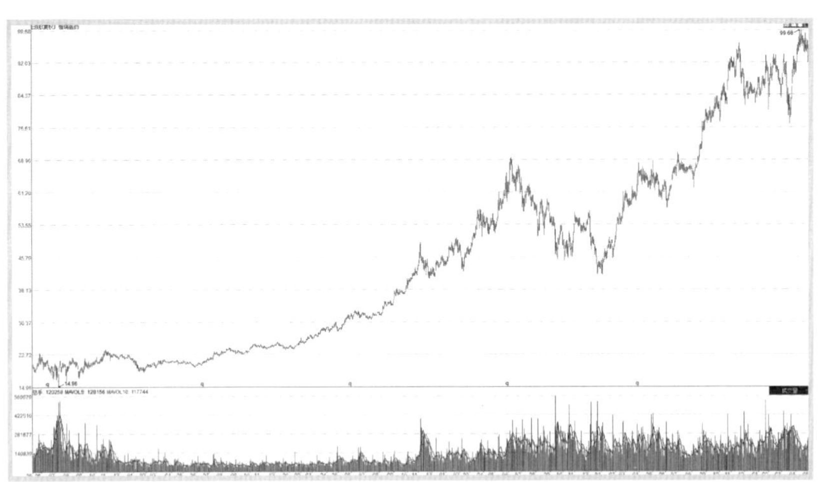

## 熱門題材觀點，點燃個股行情的引線

股市中短期內的強勢股多與熱門題材驅動有關。題材多源於場外的消息面，例如政策面消息、國際市場的變化、社會生活中的重大事件、大宗商品的價格波動等。

熱門題材可以激發市場人氣，集中市場人氣於少數相關個股，並吸引大量的市場資金、大眾投資者關注，進而促成題材股的短線異動。一些熱點性較強的題材，甚至可以引發相關題材股的連續漲停板。

在股市處於震盪行情時，熱門題材類股的股價走勢會顯得十分突出，龍頭股在短時間內出現翻倍行情也較為常見。

圖1-8是匯金股份2020年2月至5月走勢圖。該股於2020年4月15日直接以漲停開盤，盤中短時間開盤即牢牢漲停板，這種異動的盤面走勢與數位貨幣的消息面驅動有關。

在二級市場上，數位貨幣概念當日重獲垂青，匯金股份做為題材相

圖1-8　匯金股份 2020 年 2 月至 5 月走勢圖

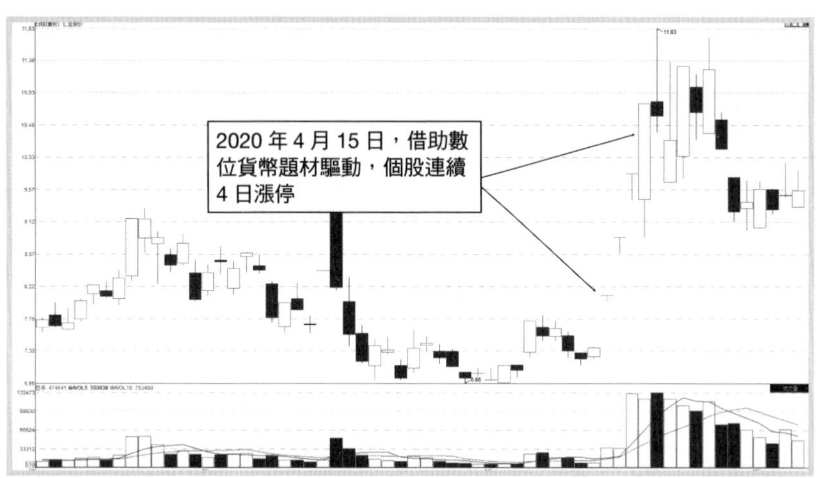


對正宗，股價又處於低位，當日率先漲停板。

從走勢可見，此股借助數字貨幣題材驅動，連續出現四個漲停板。如果沒有題材驅動打破個股沉寂的交易，在同期市場正處於震盪態勢的背景下，是很難走出這種獨立行情的。

雖然熱門題材是點燃個股行情的導火線，但是投資者在參與時應結合題材的持續性、個股的走勢來綜合分析。有些題材往往只能引發當日的盤面異動，有些題材則能持續多日甚至多週引發盤面異動。

題材的持續性越好，追漲參與的風險越小。同樣具有題材的個股當中，低位區的個股顯然比高位區的更有上漲潛力。

## 波段操作觀點，低買高賣的技術

如果說參與題材股是一種追漲方式，那麼波段操作則是一種「低買高賣」交易技術。一些小型股往往有著較高的活躍度，在股市處於橫向

圖1-9 三聯虹普 2019 年 1 月至 10 月走勢圖

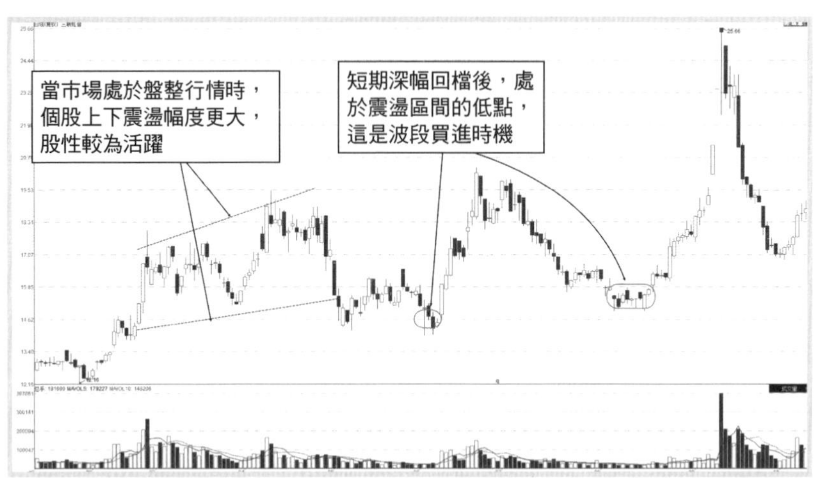


震盪的無趨勢行情時，這類個股的上下波動幅度遠大於指數。

投資者可以結合市場的橫向波動特徵及個股較高的活躍度，在短期回檔幅度較大時低買，即在寬幅震盪區間的低點買進；在短期反彈幅度較大時高賣，即在寬幅震盪區間的高點賣出。

此外，波段操作也適用於震盪上漲行情，只要個股在上漲過程中的回檔幅度較大，能夠在一個相對低位獲得支撐，則可做為一個波段買進時機點。

圖1-9是三聯虹普2019年1月至10月走勢圖。該股在市場行情盤整時的上下震盪幅度明顯更大，這是股性活躍的標誌之一。當一波跌幅回檔出現後，由於同期的市場仍舊處於震盪之中，個股有著較強的反彈需求，這是波段買股時機。

之後，當股價短線上漲幅度較大，接近震盪區高點時，這是壓力較強的位置，也是波段賣出時機。

投資者在參與波段操作時，應儘量選擇低位區、有業績支撐的個股，這類個股在波段低點獲得的支撐力道較強，參與風險較小。對於前期累計漲幅較大、處於高位區震盪的個股，應謹慎參與，這類個股隨著市場震盪的持續，出現跌破下行的機率較大。

# 1-3 各種技術指標的運用，都離不開 K 線和成交量

技術分析的四大要素為價、量、時、空。時間與空間是價格波動的前提，「價」指價格型態，「量」指量能型態，價格型態與量能型態可由K線表現。無論是MACD這樣的單一技術指標運用，還是其他類型的技術分析方法，都離不開K線與成交量。

本節主要介紹價格型態與量能型態是如何運用於技術分析之中，投資者應該怎麼理解價格與量能。這些內容是進一步學習、運用MACD指標的基礎。

## 解讀 K 線的思路

單根K線由開盤價、收盤價、最高價、最低價四個價位構成。開盤價高於收盤價為陰線，即開盤至收盤出現下跌；開盤價低於收盤價為陽線，表示開盤至收盤出現上漲。圖1-10標示單根K線的型態。

K線除了可以反映價格走勢，還蘊含一定的多空含義，當然，這需要我們進一步解讀。

首先，單根K線中間的矩形實體展現多空交鋒結果。陽線實體越長，表示多方勝果越大；陰線實體越長，表明空方勝果越大。除了尾盤異動之外，一般來說，實體越長，則表明一方（多方或空方）短期內的實力越強。

其次，影線反映盤中的交鋒過程，即多方或空方是如何取勝的。例

圖1-10　單根 K 線型態

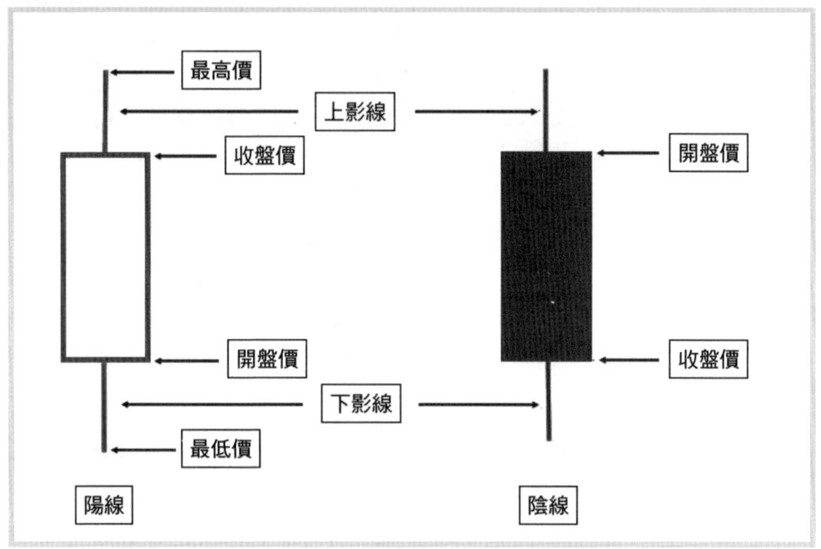


如，下影陽線是多方當日勝出，但在盤中遇到空方的阻擋，且空方在盤中曾一度佔據優勢。又如，上影陰線是多方曾於盤中發起攻勢，但遇到空方的頑強阻擋，且最終以空方獲勝結束。

影線反映多空交鋒過程，結合日K線圖上的價格位置，投資者能在一定程度上瞭解多空力量的變化，進而判斷短期價格方向。

最後，雙根、三根及多根的K線組合同樣蘊含一定的多空訊息。在解讀這些組合型態時，除了要關注單根K線型態外，更要關注整體的組合型態特徵。這些組合型態有的早已成為經典的漲跌訊號，引導技術投資者操作。

下面結合一個案例，看看如何應用單根K線的型態特徵把握短線方向。下頁圖1-11是法拉電子2019年12月至2020年3月走勢圖。單根K線在價格走勢窄幅波動區間內的市場含義並不明顯，此時更應關注趨勢，而非短期波動。

圖1-11. 法拉電子 2019 年 12 月至 2020 年 3 月走勢圖

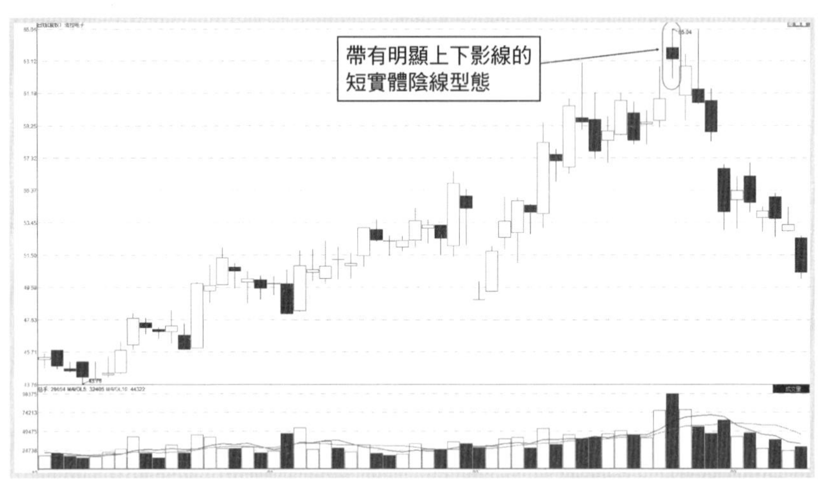


圖中標注的這根K線出現在中短線上漲後的高點，它帶有一個跳空缺口，這是一個帶有上下影線、實體較短的陰線型態，看似平淡無奇，但蘊含著明顯的多空含義。

首先，較長的上下影線表明多空交鋒激烈，且雙方力量都不明顯佔優勢；其次，當日收於陰線，最終以空方小幅獲勝結束。結合股價位置點來看，代表多方在上攻過程中遇到明顯的阻擋，且多方力量有所減弱，是短期內多空力量對比格局將出現變化的訊號，可以做為一個逢高賣出的訊號。

本案例所講的單根K線型態，有一個名稱叫「螺旋槳」，是一個預示短線下跌的經典型態，常出現在一波上漲後的高點。在運用MACD指標操作中，當指標發出買賣訊號時，我們要關注K線型態是否配合，這有助於提升交易的成功率。

圖1-12 單根 K 線多空區域劃分圖

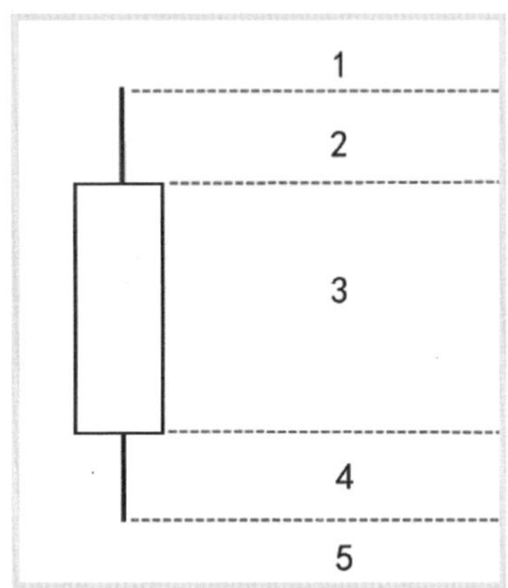


## 雙根 K 線的解讀方法

單根K線主要依據它的實體與影線關係來把握多空含義，以雙根K線為基礎的多根K線組合，則主要依據它們之間的相互位置關係來把握。理解雙根K線之間的位置關係原理，就可以更好解讀多根K線組合。本小節將介紹解讀雙根K線組合的方法。

雙根K線組合中，前面的一根K線是參照，可以依據多空力量的強弱將第一根K線劃分為五個區域。

圖1-12為單根K線的多空區域劃分，從區域5到區域1，位置越往上，就越能代表多方力量，即區域1內的多方力量最強，區域5內的空方力量最強。依據第二根K線所處區域，就可以透過它們的位置關係，來分析多空強弱情況。

如果第二根K線的實體、影線等部分更多位於第一根K線多方力量較強的區域（區域1和區域2），則說明市場多方力量相對較強。如果第二根K線的實體、影線等部分更多位於第一根K線空方力量較強的區域

圖1-13 多方佔優勢及空方佔優勢典型組合圖

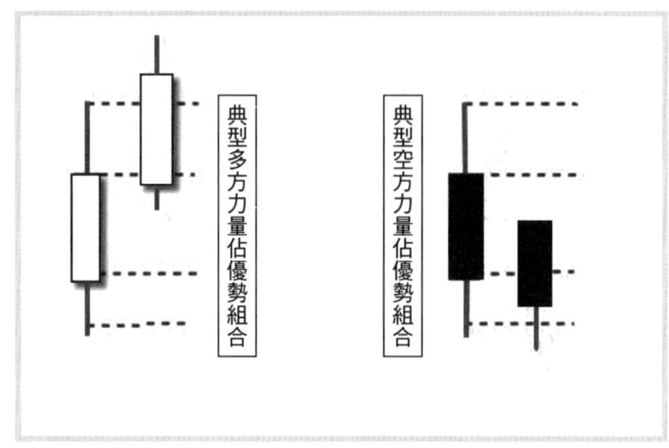


（區域4和區域5），說明市場空方力量相對較強。

圖1-13標示典型的多方與空方的優勢組合，在圖中左側的多方組合型態中，雙根K線均為陽線，陽線是多方取勝的標誌，且第二根K線更多位於第一根K線的上方區域。在圖中右側的空方組合型態中，雙根K線均為陰線，陰線是空方取勝的標誌，且第二根K線更多位於第一根K線的下方區域。

當然，在利用雙根K線組合時，還要特別關注價格當前所處的位置，是短期大漲後的高點，還是深幅回檔後的低點。此外，就重要性而言，雙根K線之間的位置關係要強於它們的單根型態含義。

## 關注整體 K 線型態

如果不是急速的漲跌行情，多空力量的轉換往往有一個明顯過程，此時借助K線整體型態特徵的變化，可以對價格中期走勢有一個大致的判斷。

圖1-14　九強生物 2019 年 2 月至 5 月走勢圖

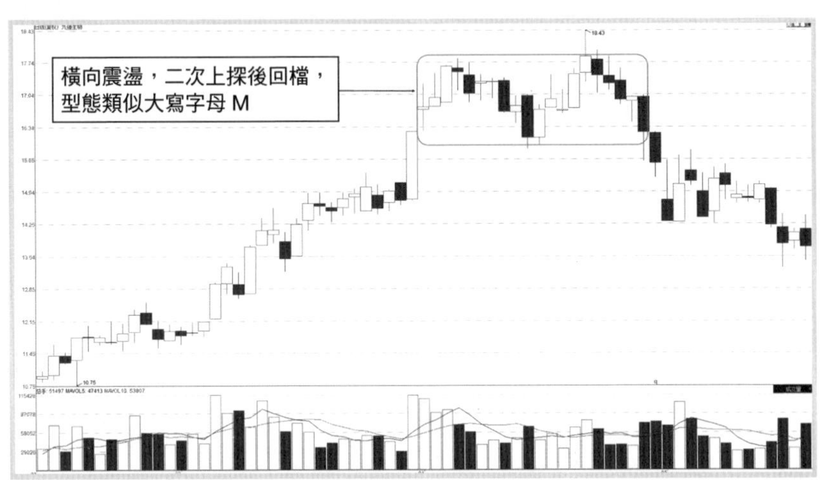


例如，高位區滯漲且重心下移的整體型態，多預示空方力量在加強、多方力量在減弱，是隨後或將跌破下行的訊號之一。低位區的回穩且重心上移的整體型態，往往預示多方力量在加強、空方力量在減弱，是之後將突破上行的訊號之一。

圖1-14是九強生物2019年2月至5月走勢圖。該股在局部運行中出現了橫向震盪的二次上探型態，特徵類似於大寫的英文字母M。從K線理論來看，這是一個經典的雙重頂型態，當其出現在累計漲幅較大的位置點時，是多空力量對比格局或將發生轉變的標誌，持股者應提防價格走勢的反轉。

## 量在價先的提示

在股市中，我們常聽到「量在價先」這個詞，它包括成交量的作用，即透過成交量可以提前預知個股未來走勢。

圖1-15 上海電影 2019 年 7 月至 10 月走勢圖

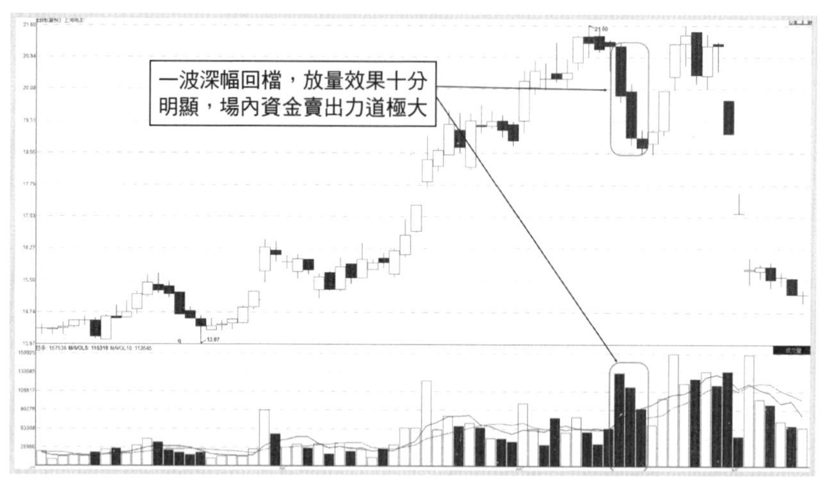


美國著名的投資專家葛蘭碧曾說過：「成交量是股票的元氣，而股價則是成交量的反映，成交量的變化是股價變化的前兆。」成交量能有如此作用，是因為它反映多空雙方的交鋒力道。在多空交鋒結果不明顯的情況下，其交鋒力道的變化往往蘊含重要的訊息。

例如，在高點或低點，如果成交量明顯放大，這表明此位置點的交鋒力道增強，是市場分歧明顯加劇的標誌。既然雙方都投入了大量的「兵力」，這也預示有一方將取勝，價格走勢在短暫的震盪之後，將做出方向選擇，或沿原有方向繼續推進，或出現價格走勢的轉向。

圖1-15是上海電影2019年7月至10月走勢圖。該股在高位區出現一波快速下跌，這是正常的漲勢回檔，還是價格走勢轉向的訊號呢？如果僅從K線來看，難以得出結論，畢竟這一波下跌是受大盤帶動出現的，而大盤又整體處於震盪格局中，並無下行趨向。

如果借助量能型態，則比較能解答這個問題。在圖中標注的3日快速回檔過程中，成交量異常放大，這是場內資金集中賣出的標誌，也說明這個價位點的市場看空較重。之後幾日的回升中，成交量同樣明顯放大，交易是雙向的，表明多空分歧十分明顯。

結合個股前期較大的漲幅遠高於同期市場來看，在沒有市場的配合下，個股結束漲勢的機率較大，持股者應注意避免趨勢反轉的風險。

成交量的異動往往先於價格走勢，但歸根究底，成交量的變化反映多空交鋒的力道，可以稱之為「多空分歧程度」。在分析量能異動時，我們要結合價格走勢，看看此時多空分歧程度是否會對價格走勢造成影響，是推動價格加速前進，還是導致走勢反轉。

## 量是價格方向的驗證

價格走勢或緩或急的推進方式是否具有持續性，短期內是否會出現轉向？這些可以借助量能的變化來分析。一般來說，溫和地放量，或者是放量效果不縮減，比較能夠保證價格走勢沿原方向推進。

因為，當量能突然大幅度放出時，代表多空分歧異常明顯，價格走勢若想沿原方向繼續推進，買盤力道（上漲波段中）或賣盤力道（下跌波段中）勢必不能減弱。此時一旦出現量能明顯縮減，表明力道減弱，短期內的價格走勢可能出現震盪或轉向。

下頁圖1-16是珠江啤酒2018年3月至2018年6月走勢圖。圖中標注兩個放量點。第一個放量點出現後，雖然放量效果無法保持，但由於上漲走勢剛剛展開，並沒有引發價格走勢轉向，只造成短時間的橫向盤整，但這也打破原有的上升節奏。第二個放量點出現時，累計漲幅已較大，且放量效果更加明顯，預示價格走勢轉向。

## 關注量價配合情況

成交量的型態變化雖然有預示價格走向的作用，但是在實際應用中也應注意，價格型態更為重要。偶然異動的量能，出現在價格走勢較為穩健且變動幅度不大的情況下，一般來說不宜看作漲跌訊號。

圖1-16 珠江啤酒 2018 年 3 月至 2018 年 6 月走勢圖

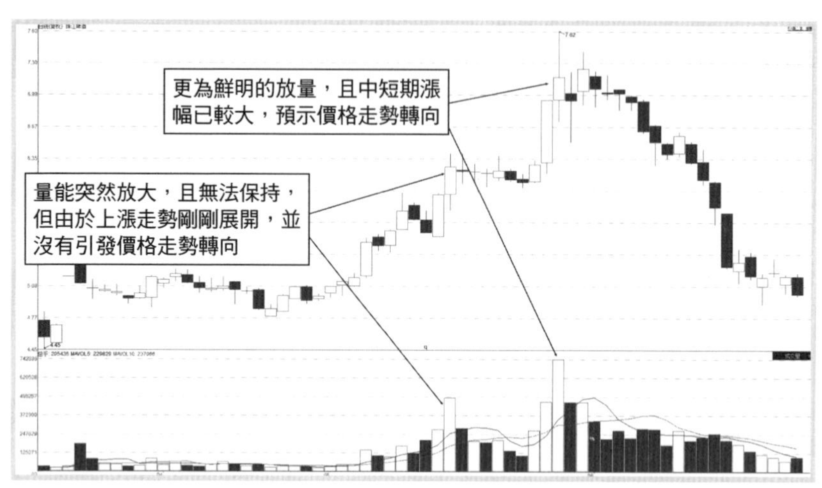


在大多數情況下，只有當價格走勢在中短期內出現明顯的變化時，量能型態異動才是更為可靠的訊號，這也是運用量價配合把握買賣時機的關鍵。

所謂的量價分析，就是以中短期內價格走勢為依據，結合成交量的典型型態特徵，來分析市場多空力量的變化情況，進而預測價格走勢。

對於投資者來說，量價分析主要依據一些典型的量價組合，呈現特有的多空訊息，來預測價格走勢。例如，量價齊升型態，這是一種經典的量價組合，它常見於持續性強、勢頭良好的穩健上漲走勢中。又如堆量上漲，常見於快速上漲波段，持續性較差，但能夠引發價格走勢的激烈波動，且易引發價格走勢轉向。

圖1-17是國民技術2019年10月至2020年3月走勢圖。量能隨著價格攀升不斷放大，量價配合關係未發生變化，可持股待漲。但是，隨著上漲的持續，在高位的橫向盤整中，出現單日巨量陰線，打破原有的「價升量升」的配合關係。

圖1-17　國民技術 2019 年 10 月至 2020 年 3 月走勢圖

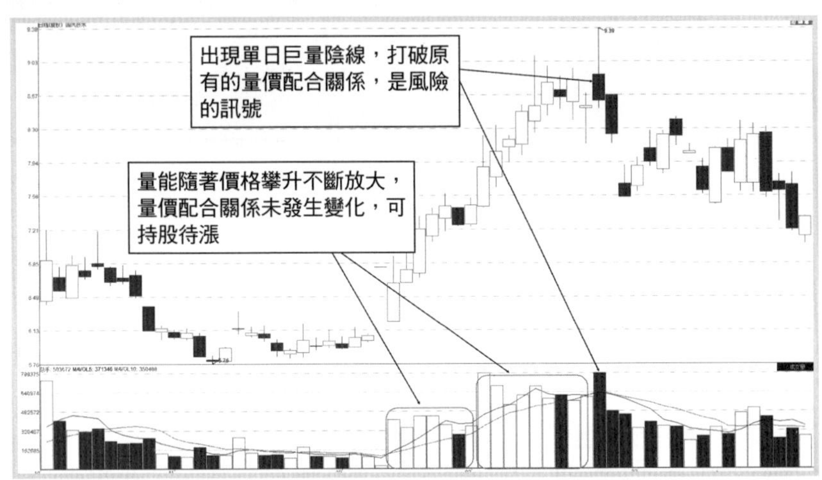


巨量陰線的出現，既反映多空分歧進一步加劇，也是空方開始佔據一定主動的訊號。結合個股的中短線漲幅來看，這種量價關係的轉變，預示價格走勢的轉向。

在使用MACD指標的過程中，量價型態也是重點關注的對象。在指標訊號與量價型態相互配合、相互驗證的情況下，有助於提升交易成功率。

基於量價配合關係的重要性，本書在後面的章節中，會單獨講解一些常見的、經典的量價配合關係。

# 1-4 比起MA，MACD適用度更廣、買賣訊號更明確

MACD也稱移動平均聚散指標，在整個技術指標系統中佔據重要的地位，也是最經典的技術指標之一。

MACD指標有著很好的投資者基礎，在指標系統中，它的普及度僅次於移動平均線（Moving Average，MA，通稱均線）。相對於均線，MACD指標的適用度更廣，買賣訊號也更明確。本節將結合MACD指標的出現，初步介紹這個指標。

## MACD 指標的出現

傑拉德・阿佩爾在他的著作《股市交易系統》（*Stock Market Trading Systems*）一書中，最早提出MACD指標。之後，湯瑪斯・阿斯皮雷引入柱線（Histogram）的概念，由此完善這個指標，成為我們現在使用的MACD指標最終版本。

阿佩爾不僅是股市技術分析者，還是投資顧問，更是Signalert公司的創辦人。Signalert是一家管理數億美元客戶資產的投資諮詢公司。

阿佩爾對於股市有著豐富的經驗，並擅長做總結。在對金融市場從事大量研究的基礎上，曾出版許多本理財投資類書籍，如《技術分析實戰工具》（*Technical Analysis Power Tools for Active Investors*）、《機會投資》（*Opportunity Investing*）、《懶人賺大錢:每三個月操作一次的簡單投資方法》（*Beating the market . 3 months at a time*）等，其中

《技術分析實戰工具》被美國股票交易權威傳媒Stock Trader評為當年最佳圖書。

## 技術專家的投資理念

阿佩爾身為MACD的發明者，在股票投資領域有著自己獨到的見解，這與他的投資顧問身分及公司管理經歷直接相關。對於投資者來說，阿佩爾的這些投資理念有著很好的借鑑性。在他的投資理念中，核心要素是成功投資者所具備的素質，可以將其總結為四點：

1. 自律觀念，要始終遵守自己的交易系統。
2. 限制損失，要事先計畫限制損失。
3. 交易系統，計畫你的交易，交易你的計畫。
4. 控制情緒，任何時候都要事先計畫以避免錯誤。

建立一個有計劃的、有組織的交易系統十分重要，對於自律的投資者來說，它有助於培養良好的交易習慣，並可以避免盲目交易帶來的風險及不可控的危機。

## MACD 與交易系統

在阿佩爾提出的成功投資者應具備的四點素質中，交易系統無疑地佔據核心地位。如果沒有一個成熟、完善的交易系統，則自律、停損、情緒的實施都將成為無源之水。

那麼，如何構築交易系統？因為投資者的交易經驗不同、性格不同、風險承受能力不同、參與交易類別不同等因素，阿佩爾並沒有給出明確答案，但是結合他提出的MACD指標來打造交易系統，絕對是一個不錯的選擇。

MACD是一種承上啟下的指標，它接續均線具有的趨勢運行的特性，也兼具技術指標在短線交易中的靈活性，是一種既適用於分析把握趨勢運行，也能夠應對震盪行情的綜合性指標。

當然，一個交易系統不能建立在單獨的一個指標之上，任何指標都有其局限之處，對於MACD來說，其局限就是需要投資者具有一定的技術分析基礎。

如此一來，以MACD指標為核心，結合K線型態、量價分析，再適當輔以基本面分析，就能夠相對準確地把握市場運行情況，瞭解多空力量變化，進而把握入市、出市時機。

此外，我們也應知道，一個交易系統的建構絕不是一步到位，它是一個不斷完善的過程，這個過程進度取決於投資者知識及經驗的累積速度。只有經驗不斷修正之後，投資者才能形成一個適合自己操作，成功率較高的交易系統。

在應用交易系統時，投資者可能出現最大的問題是，有時不嚴格執行，往往只憑直覺操作，或者常常感情用事，使得交易系統的作用無法發揮。

如果說交易系統是一種知識結構，那麼對於交易系統的運用與執行則與投資者的經驗、執行力有關，能否認真而有效地把交易系統運用到每筆交易中，是成敗的關鍵。

## 股票看盤軟體的 MACD

在股票行情看盤軟體中，一般來說，由上至下排列著三個視窗：K線、成交量（VOL）、指標。MACD做為一種技術指標，當我們使用它時，它會出現在指標視窗中。

圖1-18是一個個股的日K線走勢介面視窗圖。左邊為主圖與副圖視窗，右邊包括上下五檔下單情況、盤中交易資料統計、即時成交細節等。主圖視窗只有一個，用於顯示K線或分時線走勢（分時介面）。副圖視窗顯示成交量（VOL）、隨機指標（KDJ）、MACD、動量指標（MTM）等技術指標。左下方有成交量與MACD兩個副圖窗口。

## 圖1-18　常用的股票行情軟體介面視窗畫面

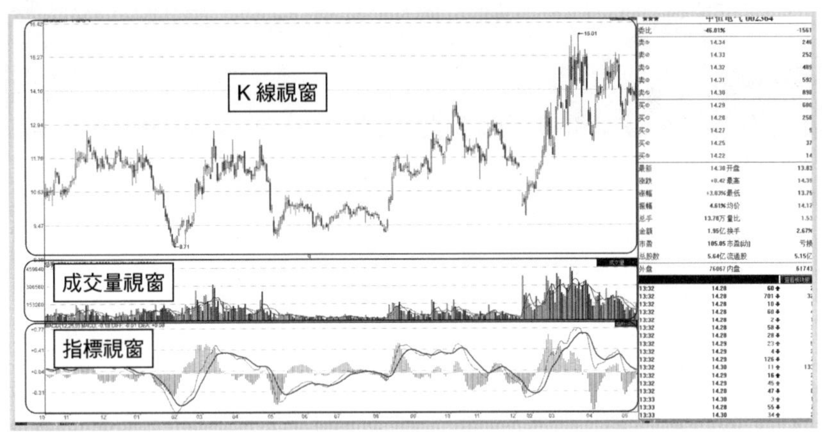


雖然技術指標多顯示在單獨的副圖視窗中，但也有一類指標需要與K線共用一個座標系統，這類指標被稱為主圖指標，例如均線（MA）、瀑布線（PBX）、布林通道線（BOLL）等。

# 1-5 MACD 指標的特性：呈現趨勢、價格走勢領先性……

一種技術分析方法是否值得學習，取決於此種方法的作用與地位。毫無疑問，型態分析法、量價分析法等經典技術分析法是必須掌握的，它們是各種技術分析方法的起點，而型態與成交量也是非常重要的盤面訊息。

此外，還有很多種類的技術分析方法具有靈活、準確的特性，也是值得關注的。投資者之所以要學習MACD指標，是因為它的獨特作用，本節將簡要說明之。

## 特性 1：呈現趨勢

技術分析最大的困難點之一就是判斷趨勢，均線指標正是為趨勢判斷而生的，可以說，在分析趨勢時，均線有它獨到的作用。MACD指標以均線為基礎，同時繼承均線具有的趨勢分析作用。

在型態上，MACD指標線與0軸之間的位置關係變化，可以直接、鮮明地呈現當前的趨勢運行情況，顯示處於市場較好的上升趨勢中還是市場低迷的下跌趨勢中，或是處於多空膠著的震盪行情中。

MACD指標的趨勢訊號可以提示我們：當前的價格走勢雖未出現反轉，但是多空力量的對比格局正悄然轉變，指標之所以會如此提示，與價格波動型態的變化有關。

一般來說，當行情接近頂部或底部時，原有的行情推動速度會明顯放緩，打破原有的波動節奏，如果只查看K線走勢，經驗不足的投資者往往很難辨識。此時，借助MACD指標發出的清晰、明確的趨勢轉向訊號，就可以為投資者下一步的交易策略提供指導——是逢高離場，還是逢低進場。

利用MACD指標判斷趨勢的具體方法，將在後面的章節中再詳細介紹。

## 特性 2：反映波動性

無論是股市還是個股運行，都是以「波動」的方式不斷推進的，方向可能向上，也可能向下，但在大方向的推進過程中，價格的上下波動是其運動的基本形式。對於波動，可以從「波峰」與「波谷」的角度來理解。

多空力量呈現出此消彼長之勢，波峰出現在一波上漲走勢後，是多方推動力量減弱、空方拋售力量增強的表現，這會導致價格走勢由漲轉跌，形成波峰。

相反地，波谷出現在一波下跌走勢後，是空方拋售力量減弱、多方承接力量增強的表現，這會導致價格走勢由跌轉漲，形成波谷。

可以說，波動特徵是價格型態的基本特徵之一，波峰代表著風險，波谷代表著機會。但是，身處市場之中，我們往往很難判斷當前是否處於波峰或波谷，當已辨識出波峰或波谷之後，卻發現價格已遠離峰頂或谷底。

MACD指標可以較為有效解決這個問題，其特徵之一就是波峰與波谷交替。首先，指標型態中的波峰與波谷，就是多空力量對比變化的展示，結合指標的這個特徵，可以預判價格走勢。其次，在很多時候，指標的峰與谷會提前於價格走勢出現，可以利用指標的峰、谷，把握價格走勢的轉向點。

下頁圖1-19是三安光電2018年11月至2019年5月走勢圖。MACD指標線呈現波谷與波峰的典型特徵，當指標出現較為鮮明的波谷型態時，

圖1-19　三安光電 2018 年 11 月至 2019 年 5 月走勢圖

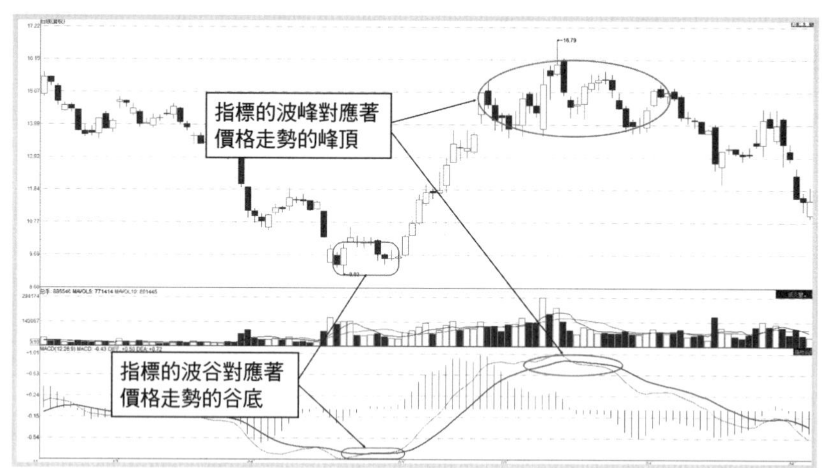


如果股價也正處於低位，可適當逢低買進，博取反彈行情；相反地，當指標出現明顯的波峰型態時，如果股價正處於上漲後的高點，宜逢高賣出，避免價格轉向的風險。

除了峰與谷的基本特徵之外，「0軸」對指標窗口的分割、兩條指標線的位置關係、柱線的變化，以及MACD、MA、KDJ等指標互補運用的方法等，都能提高交易成功率。

## 特性 3：價格走勢領先性

衡量一種技術分析工具優劣的主要標準之一，就是看它能否在價格走勢轉向前發出買賣訊號。雖然並非每一次的價格轉向，MACD指標都能提前發出訊號，但是當MACD指標發出買賣訊號，就有相對較高的成功率。

而且，這些訊號一般會在價格走勢轉向前明確，使得指標的實用性大大提升。正因為如此，MACD指標成了技術分析派十分推崇的一種分析工具。

##  MACD 指標的 3 類訊號

技術指標的優勢之一，就是能夠發出明確的買賣訊號。對於初學者來說，並不需要弄懂這些指標型態出現的原因，只需依據指標所發出的這些訊號輔以價格走勢，就可以很好地進行中短線交易，且具有較高的成功率。

MACD指標能夠發出哪些買賣訊號？一般來說，可以歸結為以下三類：

### 1. 趨勢性訊號

提示頂部或底部將出現的訊號。這是最穩定的一類訊號，也是在價格走勢長期沿一個方向發展之後所出現的訊號。

### 2. 震盪行情中的反彈與回檔訊號

在震盪行情中，利用MACD指標型態的變化，可以比較好把握震盪區的高低點。震盪區的高點可能是前期的壓力位，也可能高於或低於壓力位，如果僅從價格型態著手，往往比較被動。

MACD指標型態可以呈現多空力量的強弱情況，一般來說，當多方力量達到階段峰值時，出現回檔的機率較大；反之，則預示將出現反彈行情。

### 3. 急速行情中的短頂與短底訊號

在急速下跌走勢中，貿然抄底將損失慘重，但如果靜待回穩，等來的可能是V形反轉。此時，可借助MACD指標的歷史峰值來預測短期底部位置，結合倉位調度，可以用較小的風險博取較大的獲利。

在急速上漲走勢中，一系列的壓力位都可能輕鬆突破，借助MACD

指標歷史峰值來觀察多方力量極限點，或能更好地把握短期頂部位置點。

以上是MACD指標最重要的三類訊號，這些訊號有助於解決趨勢研判，也有助於把握短期高低點。MACD指標正是基於兼顧長短線交易且不失準確性的優點，得到廣大投資者的關注。

## 組合運用的互補與驗證

在技術分析領域，任何一種技術工具，如果單獨使用，都有一定的局限性，因為某種技術工具只能反映市場某方面的特徵。金融市場中，單獨使用一種工具進行操作，就如同市場調查中只做局部研究就得出全域結論，結論是片面的，準確性也大打折扣。

MACD指標做為一種技術工具也是如此，所以在運用MACD指標時，也要考慮一些重要的盤面型態，其中以K線型態與成交量型態最重要。此外，也有一些技術指標能夠彌補MACD的部分不足。

例如，在短線分析中，MACD的訊號可能出現延後現象。如果能夠輔以靈敏度更高，但方向性較差的KDJ指標，則能發揮互補作用，有助於投資者更及時、準確地把握價格高低點，提高短線交易成功率。

運用MACD指標時，應關注K線、量能等其他型態，這是實戰運用的互補原理，同時，也要關注它們之間的相互驗證性。所謂驗證性，就是指不同的技術分析工具、分析方法，在同一個時間段能否發出方向相同的買賣訊號。

如果不同技術分析工具或方法發出的訊號相同，則據此操作的成功率更高；如果相反，例如MACD指標發出買進訊號，K線型態發出賣出訊號，則此時操作的成功率將明顯降低。

NOTE

/ / /

任何技術分析方法都離不開對趨勢的研判，漲勢中不做空、跌勢中不做多，既是交易理念，也是提高成功率的交易之道。

第1章介紹「趨勢運行」觀點，這是所有技術分析方法的基礎性支撐，MACD指標的基本用法之一就是研判趨勢。股市的投資者必須深刻理解、掌握趨勢。

本章以道氏理論、波浪理論、箱體理論等經典趨勢理論為基礎，結合移動平均線的趨勢分析技術，幫助投資者建構關於趨勢分析的知識架構。

# 第 2 章
# 從道氏、波浪、箱型理論，理解趨勢運行

# 2-1 用道氏理論打穩根基，遵循訊號並順勢而為

在技術分析領域中，道氏理論是最早揭示並闡明股市中趨勢運行規律的理論。很多技術理論和指標都是以道氏理論為基礎，因此道氏理論可說是技術分析的根基。不瞭解道氏理論，對於技術分析方法只能學到皮毛。

本節將從道氏理論的產生開始，以道氏理論闡述的趨勢運行規律為核心，系統地對其進行講解。

## 道氏理論的產生

道氏理論（Dow theory）的核心思想源於查爾斯．道的社論文章，這位《華爾街日報》的記者、道瓊公司的共同創辦人，不僅與創辦人之一的愛德華．瓊斯創建道瓊指數，還透過大量的研究和觀察，發表一系列關於市場運行的文章。

查爾斯．道選擇一些具有代表性的股票，採用算術平均法計算編制出道瓊指數。道瓊指數是道氏理論產生的基礎，因為它可以很好地呈現市場整體的運行情況。

最初的道瓊指數只選取11種具有代表性的鐵路公司股票，自1897年起，道瓊指數開始分成工業與運輸業兩大類，其中工業指數包括12種股票，運輸業指數則包括20種股票，並且開始在道瓊公司出版的《華爾街日報》上公佈。

當時市場的主流觀點是個股走勢是獨立的，市場整體無規律。查爾

斯・道開創性地提出，將市場看作一個整體、市場具有大方向、個股走勢受市場方向影響或決定等觀點，這些觀點散見於查爾斯・道所發表的社論當中。

1902年，在查爾斯・道去世以後，《華爾街日報》記者依據其發表的文章、論述等，將其見解編寫成書，內容主要包括「讀懂市場的方法」、「交易的方法」、「市場的總體趨勢」等，進而使道氏理論正式定名。

威廉・漢彌爾頓在1903年接替查爾斯・道擔任《華爾街日報》的編輯，羅伯特・雷亞為查爾斯・道的推崇者及研究者，他和漢彌爾頓兩人將查爾斯・道的文章彙整及編寫，並將其正式命名為「道氏理論」，向世人發表。漢彌爾頓所著的《股市晴雨表》，以及雷亞寫的《道氏理論》，成為後人研究道氏理論的經典著作。

## 道氏理論的意義

道氏理論是劃時代的投資思想變革，「趨勢」這個概念正是道氏理論的基本觀點，深入技術分析的各個領域中的結果。在查爾斯・道所處的年代，人們普遍認為一檔股票的漲跌與其他股票是沒有關聯的，買賣股票全靠對個股的單獨分析，但結果往往並不理想。

當時的美國股市上，上市企業相對較少，其中多為具有壟斷性質的企業。由於行業不同，它們在走勢上確實具有一定的獨立性，使得市場普遍認為個股走勢就是獨立的。

這種觀點看似沒有什麼不對，但是很多時候，個股績優、被低估，甚至處於低位，往往不漲反跌；只有一些投機性強的股票才能上漲，讓人很難理解。其實，這是因為忽略了市場整體氛圍。

專業投資者雖然能模糊地意識到市場的整體性，但能夠進行深刻研究並率先提出市場趨勢論的，唯有查爾斯・道。基於多年證券從業經驗及對市場的深刻把握，查爾斯・道撰寫大量關於市場運行的文章，形成「市場」的思想。

這種思想的提出，大大開闊了投資者的視野，同時能夠解釋一些該漲不漲、該跌不跌的股票價格走勢。例如，在失業率提升、經濟低迷的時候，一些企業雖然能夠逆週期提升業績，但它們的股價走勢似乎並不好，沒有上漲，反而步入跌勢。

如果從個股角度來理解，這種走勢是無法解釋的，但將視野放大到整個市場，就可以將其歸結為市場趨勢對個股的影響。

可以說，查爾斯・道的市場趨勢思想很好地解釋了個股的運行，也打開投資者的分析視野。打破思維疆界，使其不再局限於個股之中，是具有開創性的觀點。

## 市場趨勢的 3 個級別

道氏理論是一種闡述市場整體的理論，而非某一檔股票的運行情況，所得出的結論卻是普遍適用的。只是，在市場盤整時，個股可能走出獨立趨勢，這需要考慮到個股的獨特性。

道氏理論將市場趨勢分為三個級別：基本趨勢（主要趨勢）、次等趨勢、短期趨勢。（道氏理論此處提到的「趨勢」一詞僅僅是對價格走勢的泛指，並不是我們常說的趨勢，我們常說的趨勢，指的是道氏理論中的基本趨勢」）

### 1. 基本趨勢

也稱為主要趨勢，就是我們常說的趨勢，它是大規模、中級以上的價格上下運動，會呈現明顯的方向性，持續的時間通常為一年或一年以上，並導致股價增值或貶值20%以上。

基本趨勢依據方向不同，可以分為基本上升趨勢（簡稱上升趨勢）、基本下跌趨勢（簡稱下跌趨勢）、橫盤震盪趨勢。其中，橫盤震盪趨勢也常被說成無趨勢。市場真正的趨勢只有兩種：上升、下跌。

## 2. 次等趨勢

也稱為次級調整、次級走勢，它與基本趨勢的運動方向相反，對基本趨勢產生一定的牽制作用，其持續時間相對較短，往往在幾週之內即可結束。

舉例來說，上升趨勢中的回檔盤整、下跌趨勢中的反彈，都屬於次等趨勢。為了避免與趨勢一詞混淆，後文以「次級調整」或「次級走勢」稱之。

## 3. 短期趨勢

也稱為短期波動，指短短幾個交易日的價格上下波動，多由一些偶然因素決定。道氏理論認為短期波動並無多大的意義。

圖2-1為市場運行的三個級別示意圖。從1到6整個運行過程對應著基本趨勢，此圖為上升趨勢。從2到3或從4到5這樣的趨勢過程，對應著次級走勢，此圖為上升趨勢中的回檔走勢。從A到B這樣的趨勢過程是短期波動。

圖2-1　市場運行的三個級別示意圖

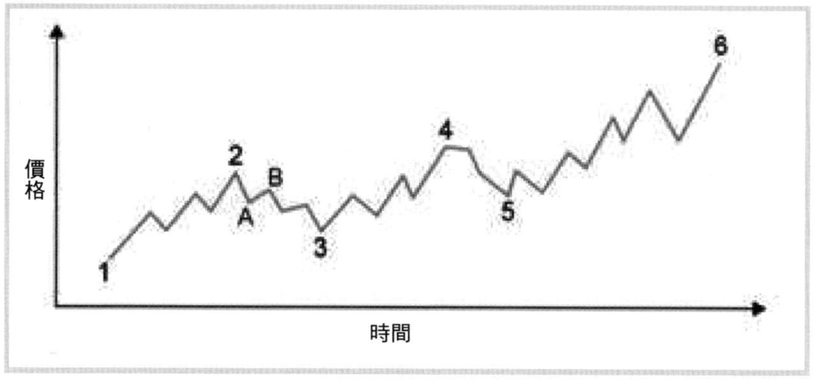

## 漲勢與跌勢的 3 個階段

道氏理論將上升趨勢與下跌趨勢各劃分為三個階段，將模糊的趨勢運行過程具體化。上升趨勢是「一峰高於一峰、一谷高於一谷」運動過程，分為三個階段：築底、上漲、見頂，以下分別說明。

### 上升趨勢 1. 築底

多出現於市場深跌之後或是長期盤整之中，或源於基本面好轉的預期，或源於買盤力量的增強。較低的估值吸引中長線投資者，持股者拋售意願也大大下降，價格走勢出現明顯回穩，市場下跌動能不足。由於此時的多方力量依舊不足，市場往往呈現震盪格局。

### 上升趨勢 2. 上漲

良好的基本面或是強烈的好轉預期，使得買盤加速進場，價格指數也脫離底部區間。此時，買盤源源進場，多方佔據主導地位。這是上升趨勢最主要的一個階段，它的漲幅大、漲勢淩厲，最能表現市場的財富增值效應。

### 上升趨勢 3. 見頂

這個階段也在上漲，不是明顯加速，就是明顯放緩，打破了原有的穩健上升格局。由於市場整體的高估、買盤的過度消耗，漲勢逐漸接近頂部。

下跌趨勢是「一谷低於一谷、一峰低於一峰」運動過程，分為三個階段：築頂、下降、探底。

### 下跌趨勢 1. 築頂

大多出現在市場持續大幅上漲之後，隨著累計漲幅的加大，市場分歧加大，買盤進場力道減弱，並受到市場的高估、消息面的影響等，空方力量開始佔據上風。從型態上來看，該階段多以震盪或加速上漲後的突然大幅下跌呈現，是空方力量明顯增強、多方力量不足的標誌。

### 下跌趨勢 2. 下降

在這個階段，空方力量完全佔據主導地位，常有經濟減速、估值回歸理性、企業獲利下滑等因素配合，下跌效應使得場外買盤也遲遲不願進場。在這個階段，價格的跌勢較快、幅度較大，是下跌趨勢最主要的階段。

### 下跌趨勢 3. 探底

持續的下跌常常引發市場恐慌性拋售，但這一波拋售過後，市場的下跌動能會大大減弱，從而進入底部區。在型態上，探底階段多呈現為低位區的短時間快速下跌。

結合道氏理論的三階段劃分方法，我們可以對上證指數加以研究，結合三階段劃分法，能更看清趨勢，看清大方向。

下頁圖2-2是上證指數2017年9月至2019年7月走勢圖。從圖中可以看到，築頂與築底階段都是以橫向震盪為特徵，其中在築頂階段出現的創新高、築底階段出現的創新低，都不代表方向，因為整體型態並不支撐這種方向。

探頂與探底都表現為原有方向的加速，一個出現在持續上漲後的高位區，一個出現在持續下跌後的低位區。

每一個階段都有其獨特的型態特徵，透過這種三階段劃分法，我們能進一步開闊視野，對宏觀的交易策略也能提供很好的指導。

## 成交量可用來驗證基本趨勢

道氏理論指出，成交量可以用來驗證基本趨勢的運行情況。一般來說，在基本上升趨勢的持續運行過程中，成交量與價格走勢會呈現出量價齊升的型態；相反地，在基本下跌趨勢的持續運行過程中，成交量則呈現出相對縮量的型態。

圖2-2 上證指數 2017 年 9 月至 2019 年 7 月走勢圖

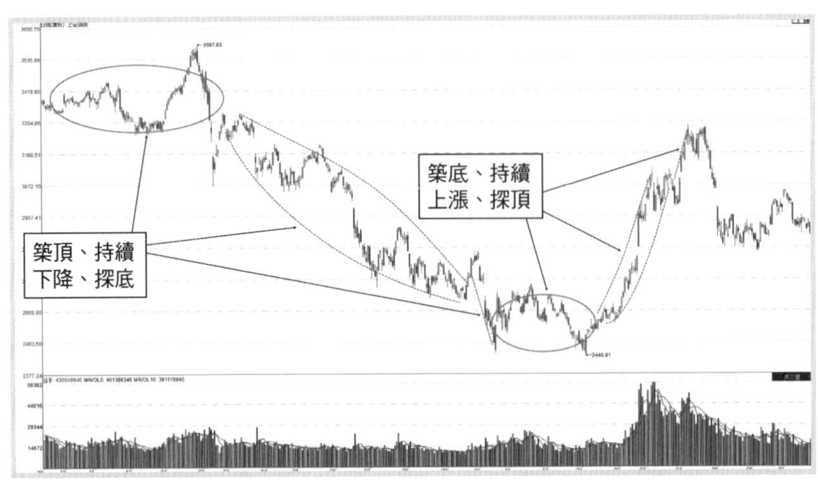


利用成交量的型態特徵再結合價格的發展方向，能夠更好地識別趨勢。但是，道氏理論也指出，成交量只是分析趨勢時的一種輔助工具，並不能據此得出結論。因為成交量並非總是跟隨趨勢，例外的情況也並不少見。

例如，上升趨勢進入持續上漲階段的時候，並不一定呈現量價齊升的型態，成交量也可能相對縮小，實際上，這種情況十分常見。因此，當基本趨勢的運行與成交量的變化型態出現背離時，或者說成交量的變化無法有效驗證基本趨勢的運行時，投資者在操作時仍應以價格走勢為第一要素。

圖2-3是上證指數2018年12月至2019年5月走勢圖。在上升趨勢持續推進的過程中，可以看到完美的量價齊升型態，即隨著指數的不斷上漲，成交量不斷放大，兩者呈現正相關。這種量價齊升型態，表明買盤正加速進場，市場上攻動能充足，有助於我們進一步確認當前的趨勢運行情況。

圖2-3　上證指數 2018 年 12 月至 2019 年 5 月走勢圖

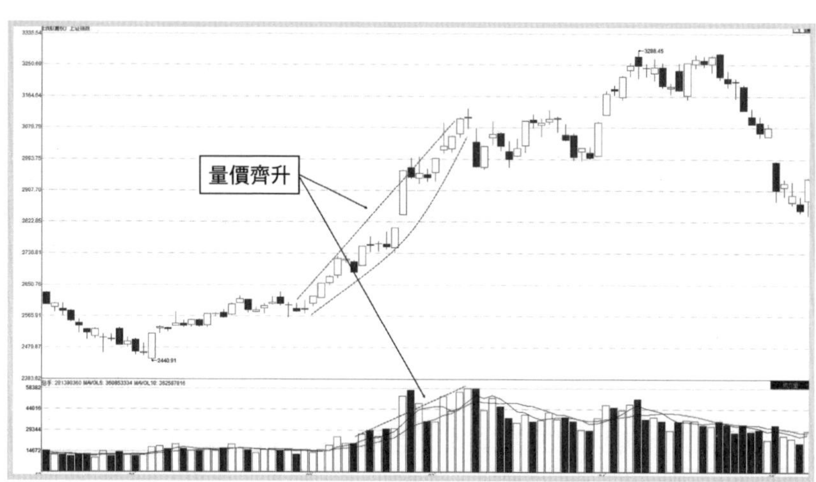


## 趨勢的持續力與反轉訊號

道氏理論指出，趨勢有著強大的持續力，一旦型態成型就不會輕易改變方向。但是，趨勢也不可能一直持續下去，終有反轉的時候，在反轉時，會有著明確的反轉訊號出現。

道氏理論的這個觀點也是用於指導實盤操作的有效方法，特別是中長線操作中，一定要順勢而為，不要盲目地預測趨勢的頂與底，而要遵循訊號來預測。

當上升趨勢出現後，市場熱情完全可以將其推向一個難以理解的高度。反之，當下跌趨勢出現後，市場恐慌也可能將其打低到超出預期的低點位。很多投資者在牛市常因小利而提前離場，總認為市場已到達頂部，殊不知這樣極有可能錯失後面的大好行情，出現踏空。

在跌勢中又往往過早抄底，結果深陷其中。其實，這都是因為忽視趨勢的強大慣性持續力，主觀地臆斷頂與底的位置。

市場的頂與底與投資者主觀的判斷往往並不一致，甚至常有巨大偏差。其結果就是，投資者在牛市中只得到很少的獲利，而在熊市中卻受到嚴重的損失。

實盤操作中，應當等到上升趨勢發出明確的反轉訊號時，再選擇離場。反之，在下跌趨勢中則應堅決地持幣觀望，耐心等到下跌趨勢出現明確的見底訊號時，再擇機進場。

那麼，什麼才是預示趨勢或將轉向的訊號？其實，這樣的訊號很多，例如MACD背離型態、經典的頂部（底部）K線組合型態、量價見頂（底）型態等，對於這些可以預示趨勢轉向的訊號，我們將在隨後的章節中講解。

以下結合一個實例做簡要說明，以幫助投資者理解道氏理論的這個觀點。圖2-4是上證指數2017年6月至2018年2月走勢圖。從中看到出現型態鮮明的尖頂，在K線理論中，這是一個經典的頂部反轉型態。

尖頂是一種快速上升緊隨快速下降的型態，類似於倒寫的英文字母V，也稱為倒V頂。其特徵是上升時的幅度大，下降幅度與上升幅度相近，是一種深幅、急速的上下波動型態。

它的出現說明市場的空方力量在短時間內快速增強，且佔據完全主動，而多方無力承接，之前的上攻力量完全消失。當這種型態出現在一個較高的位置點時，就是趨勢可能會反轉的訊號。

圖2-4　上證指數 2017 年 6 月至 2018 年 2 月走勢圖

# 2-2 波浪理論告訴你，怎麼在 5 升 3 降的變動中衝浪

道氏理論闡明趨勢運行的規律，劃出趨勢的三個階段，但是對於趨勢運動的型態特徵，並沒有論述。以道氏理論為基礎，波浪理論更進一步加以說明。它同樣是一種經典的技術理論，也是技術分析者必須知道的內容。

關於波浪理論的地位，有一句話描述得很傳神：「道氏理論告訴人們何謂大海，而波浪理論指導人們如何在大海上衝浪。」

## 波浪理論的產生

拉爾夫．艾略特是美國證券分析家，在長期研究道瓊工業指數走勢後，發現股市的運行有著自然的和諧之美，呈現出一種自然的韻律。

不管是股票價格還是商品價格的波動，都與大海的波浪一樣，一浪跟著一浪，周而復始，具有相當程度的規律性，展現出週期循環的特點，任何波動都有跡可循。基於這個發現，艾略特創建著名的波浪理論（Band theory）。

波浪理論是以道瓊工業指數為研究對象，對金融市場客觀運行規律的一種揭示，且具有明顯的系統性，這一點與道氏理論不同。

艾略特總結出市場的13種型態，這些型態重複出現，但是出現的時間間隔和幅度不一定具有再現性。之後，他發現這些呈結構性的型態可以連接起來，形成同樣型態的更大圖形，總體型態呈「五升三降」的八

圖2-5　「五升三降」八浪循環過程

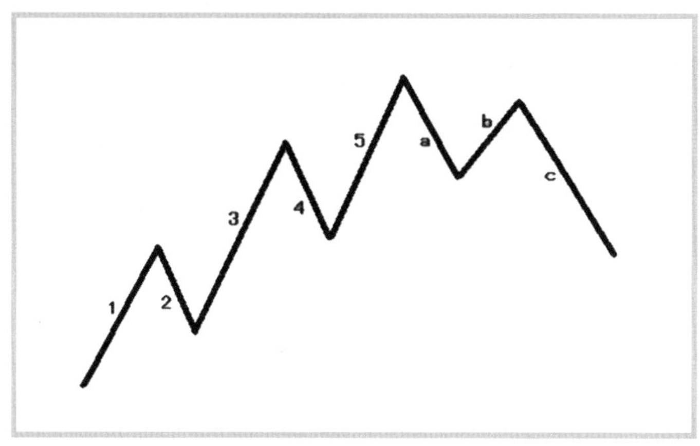


浪運動模式。為了明確解釋這種模式，艾略特又提出一系列權威性的演繹法則。

## 八浪循環模式

波浪理論的核心內容，就是「五升三降」的八浪循環過程，即市場的一個完整循環過程，是由五個上升浪和三個下跌浪所構成。五個上升浪是上升趨勢的運動過程，三個下跌浪是下跌趨勢的運動過程，市場的牛熊交替就是以不斷循環的五升三降模式呈現的。

圖2-5為五升三降的八浪循環過程。五升三降中的「五升」是指上升趨勢中的1、2、3、4、5這五個浪，「三降」是指下跌趨勢中的a、b、c這三個浪。前五浪中的1、3、5是上升浪，2、4是回檔浪；後三浪中的a、c是下跌浪，b是反彈浪。

從總體型態上可以看到，它呈現波浪式的運動特徵。依據波浪與主要趨勢的方向是否相同，可以將所有波浪分為兩類：推動浪、調整浪。

推動浪與基本趨勢的運行方向一致，但幅度更大、發展勢頭更淩厲，例如上升趨勢中的第1、3、5浪，下跌趨勢中的第a、c浪，就是典型的推動浪。

調整浪是對原有趨勢運行的修正，與基本趨勢方向相反，例如上升趨勢中的第2、4浪，下跌趨勢中的第b浪。以下我們簡要盤點一下各個浪的運行情況。

## 上升趨勢第 1 浪

多出現於低位區，是脫離底部的一浪，由於此時的多空分歧較為明顯，第1浪的漲勢相對緩和。

## 上升趨勢第 2 浪

這是一個調整浪，是底部區獲利盤拋售的結果，此時的多方力量雖佔據主動，但優勢局面不明顯，而且獲利浮籌的離場也有利於市場進一步上漲。

從型態上來看，第2浪的回檔與第1浪的突破上漲，往往會組合成一些經典的底部型態，如雙重底、頭肩底等，可以借此識別底部已經出現，趨勢反轉正在演變中。

## 上升趨勢第 3 浪

這是上升趨勢的主推動浪，它的漲勢淩厲、漲幅最大，是上升趨勢中最重要的一個浪。多方力量完全佔據主導地位，市場也因買盤資金的湧入而加速上行，這一浪持續時間的長短既取決於上漲速度，也取決於基本面配合。

## 上升趨勢第 4 浪

這是對主升浪的修正，是幅度相對較大的回檔走勢。從型態的結構來看，第4浪常以三角形、旗形、矩形、楔形等盤整型態出現。型態上，第4浪的浪底不會低於第1浪的浪頂。

### 上升趨勢第 5 浪

這是市場多方力量最後的集中釋放。它的漲幅會小於第3浪，上漲勢頭取決於實際情況，市場熱度極高時，這一浪的漲勢也較為淩厲。第5浪的出現，可以被看作趨勢慣性推進的結果。值得注意的是，在第5浪出現時，常常可以看到背離訊號，其中最典型的就是「量價背離」。

### 下跌趨勢第 a 浪

這是一波下跌幅度較大的浪，它打破了股市原有的良好而又穩健的上升型態，使得股市呈高位區震動滯漲狀。如果聯繫到第5浪上漲時所出現的一些見頂訊號，可以提前預見頂部正在形成。

### 下跌趨勢第 b 浪

屬於「多頭陷阱」的一浪，這一浪的漲幅、漲勢已明顯弱於前期的推動浪。第b浪與第5浪、第a浪往往會組合成一些較為典型的頂部型態，如頭肩頂、雙重頂等。

### 下跌趨勢第 c 浪

這是下跌趨勢的主跌浪，它的跌幅最大、跌勢最淩厲。此時進場的買盤力道已大不如前，而價格走勢的綿軟無力持續引發持股者的拋售，市場思維也從原來的「持股待漲」轉向「逢高離場」。一般來說，第c浪的下跌幅度與上升趨勢中的第3浪正相關，第3浪漲幅越大，則第c浪的下跌幅度往往也越大。

## 4 條數浪規則

波浪理論在實際運用時，困難之處在於「數浪」，市場運行的波動特點十分明顯，往往是大浪套小浪、小浪套細浪，使得數浪的難度大增。為了幫助投資者正確地辨識每一浪，艾略特總結了四條數浪規則。

1. 第3浪不能是前5浪中最短的一個。

2. 第4浪的底部不能低於第1浪的頂部。

3. 交替規則：在一個完整的八浪循環過程中，同方向的兩個浪，呈現出簡單與複雜交替出現的運動方式。例如，第1浪若是以簡單型態出現，則第3浪的構成往往相對複雜；第2浪若是型態較為簡單，則第4浪往往相對複雜。

4. 利延規則：第1、3、5浪中只有一浪延長，其餘兩浪長度和執行時間相似。

## 與道氏理論的比較

道氏理論闡述的趨勢運行規律很好理解，主要用於宏觀指導，而波浪理論則闡述趨勢運動的型態特徵，這雖然增強理論的實戰價值，但在運用時難點重重。雖然有四條數浪規則，但基於市場運行的複雜性，不同投資者在數浪時往往有著很強的主觀色彩。

波浪理論沒有明確提出一個浪的起始與結束的標記，每一個波浪理論家，包括艾略特本人，很多時候都會受到一個問題的困擾，就是一個浪是否已經完成，而另外一個浪已經開始了。有時甲看是第1浪，乙看是第2浪。差之毫釐，失之千里。

波浪理論的浪中有浪，可以無限伸延，即升市時可以無限上升，都是在上升浪之中，一個巨型浪持續多久都可以。下跌浪也可以無限下跌，仍然是在下跌浪中。只要是漲勢未完就仍然是上升浪，跌勢未完就仍然是下跌浪。透過波浪理論也很難推測出，何時到達浪頂或浪底。

與道氏理論一樣，波浪理論做為研判大勢的工具，有其重要價值，但是不宜應用在個股的分析上。

# 2-3 箱體理論準確率高，但進出場必須觀察什麼？

箱體理論同樣是一種十分經典的趨勢理論。如果說道氏理論闡述規律，波浪理論描述型態，那麼箱體理論則是講解實盤操作。箱體理論之所以經典，是因為它源於實戰且簡單易懂、準確率高。

對於技術分析者來說，在實盤操作中，可以不刻意使用這種方法進行交易，但不能不瞭解箱體理論。

## 箱體理論的產生

尼可拉斯起初只是舞蹈家，利用手中的3000美元，在18個月內淨賺200萬美元。當然，這種報酬率或與槓桿交易有關，但是其交易方法無疑值得稱奇，創造美國股市中的一個奇蹟。尼可拉斯在他的著作《我如何在股市賺了200萬》中，詳細闡述其買賣方法，也就是箱體理論。

尼可拉斯在書中這樣陳述：「我翻看各種書籍，分析股市行情，觀察百張個股走勢圖。當我深入研究這些個股走勢時，開始瞭解以前從不知道的有關股價走勢的一些知識。」

「我開始認識到，股價走勢並不是完全雜亂無章的，不是像氣球一樣沒有方向地亂飛。就像受到地球的引力一樣，股價總是有一個明確的上漲或下跌趨勢，這個趨勢一旦確立就會持續。股價總是沿著這個趨勢展開一系列波動，我將其稱為箱體。股價會在高低點之間不斷波動，圍繞這個漲跌波動區間畫出的區域就代表一個箱體。」

箱體理論的交易規則與大眾投資者的「逃頂抄底」方法明顯不同，它是以「股票箱」的方向選擇為出擊方向。所謂股票箱，就是價格的橫向波動空間，把震盪區中價格的低點連線看作箱底，把高點連線看作箱頂，如此一來，在漲跌的週期畫成一個方形的箱，就形成股票箱。

箱體理論認為，價格的運動是以箱體結構呈現出來的，漲破箱頂代表趨勢將向上，是買進時機；跌破箱底代表趨勢向下，是賣出時機。

## 箱體理論的交易原則

箱體理論指出，價格的波動不可能總在一個箱體中運動，當箱體的上沿被有效突破後，價格就會進入一個更高的箱體之中，因此突破箱體上沿是順勢買進時機。反過來，當箱體的下沿被有效跌破後，價格就會進入一個更低的箱體，這時應賣空。

箱體交易規則看似是一種高買低賣，有追漲傾向，實則不同，是結合趨勢的操作方法。箱體交易也並非在劃出震盪區的上下兩條線後，「突破上線就買進，跌破下線就賣出」這麼簡單，操作上，還要結合個股的特性、市場的情況來綜合把握。雖然操作起來並不簡單，但在理論上，箱體理論其實是很容易理解的，它主要蘊含兩層資訊：

1. 價格運動是以箱體結構方式呈現出來。

2. 當原有的箱體結構被有效地向上突破（或向下跌破）後，一個新的箱體也將出現，並且原來的箱體上沿（或下沿）將對價格的反向波動，發揮壓力（或支撐）作用。

## 操作方法1：突破箱體時買進

運用箱體理論進行交易時，我們需要注意，箱體是一個相對狹窄的價格空間。如果上下價差過大，箱體上沿的壓力（或下沿的支撐）將更強，突破（或跌破）成功率也會大大下降，且常需要反覆試探壓力位

圖2-6　長江電力 2018 年 11 月至 2019 年 7 月走勢圖

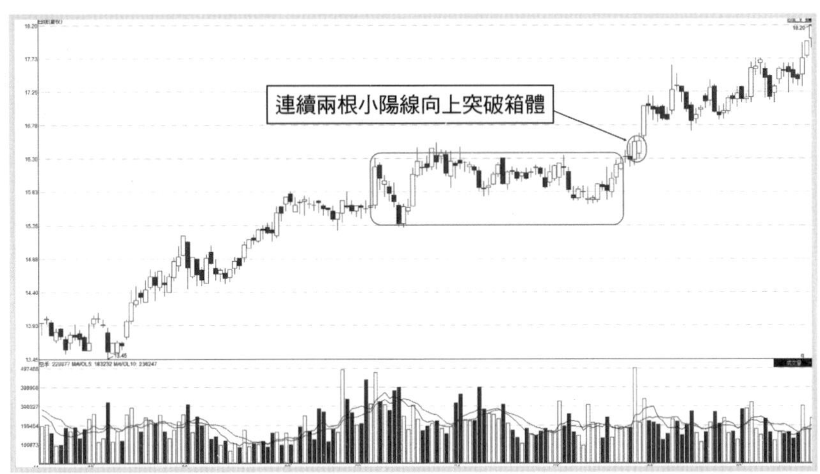


（或支撐位）之後才能夠有效突破（或跌破）。

對於相對狹小的箱體結構走勢，一旦價格走勢向上有效突破箱體上沿壓力位，則加速上攻的機率較大，是買進時機。當價格在原箱體內震盪，這是趨勢運行暫不明朗的表現。此時，漲勢是否仍能持續下去，不好判斷，但隨著這個箱體被有效突破，市場向我們指明了方向，我們要做的就是順應趨勢的出現，果斷買進。

圖2-6是長江電力2018年11月至2019年7月走勢圖。該股之前處於震盪攀升中，在一個相對高位區開始橫向震盪，趨勢不明，隨後向上、向下均有可能，中短線投資者此時應耐心等待方向出現。

隨後，該股以連續兩根小陽線向上突破箱體，這是價格將進入一個更高箱體的訊號，也是中短線投資進場訊號之一。

突破箱體時買進，這種操作方法可能與一些投資者的短線抄底思維互相矛盾，其實這是一種順應趨勢發展的買股方法。當突破剛剛出現時，預示著上升趨勢出現，此時行情剛剛展開，隨後仍有較大空間，買進的成功率是較高的。

## 操作方法 2：跌破箱體時賣出

在價格長時間的波動構築箱體之後，如果隨後向下跌破這個箱體，預示著趨勢將向下運行，應當賣出。對於這一條交易規則，實盤操作時，同樣需要靈活把握。

### 1. 關注箱體的波動範圍

如果是處於寬幅震盪格局，顯然在價格反彈過程中就要減倉，而不是等到明確的跌破訊號出現之後。

### 2. 關注市場整體情況

如果價格處於低位區，且跌破箱體是大盤突然大幅回檔帶動，則這樣的跌破往往不是趨勢向下的訊號，隨後再度回升箱體的機率較大，在控制好倉位的狀態下，可以結合個股基本面情況進行操作。

圖2-7是匯得科技2018年9月至2019年6月走勢圖。該股在低位區出現反彈走勢，隨後在反彈後的相對高點橫向震盪，此時的趨勢方向難以預判。

### 3. 操作上應跟隨市場

從圖2-7中的股價走勢來看，該股隨後跌破箱體，這是趨勢選擇向下運行的訊號，如果持股者之前沒有及時離場，此時宜停損離場，以規避趨勢進一步發展，帶來損失擴大的風險。

## 箱體交易的客觀性

所謂客觀性，是指跟隨市場方向，而不是主觀預判市場方向。箱體理論的最大特點之一，就是沒有預判趨勢方向，這也是它的一大優點。

圖2-7 匯得科技 2018 年 9 月至 2019 年 6 月走勢圖

因為如果投資者有預判，那麼隨後的操作很可能陷入主觀誤區。例如，將趨勢反轉向下當作回檔，將趨勢逆轉向上當作反彈，或是將跌破下行當作向下探底等等。

結合價格的位置區，分析市場還有多大的上漲或下跌空間，其結果往往與市場嚴重偏離，而箱體理論則可以好好解決這個問題，只需依據價格能否突破或跌破箱體來把握。

# 2-4 熟悉 MA 用法，為發揮 MACD 指標做好準備

移動平均線是反映市場趨勢運行情況的一種經典指標，它以道氏理論為基礎，以統計學中的「移動平均」原理為核心，透過統計某一時間週期中的市場平均持倉成本的變化，指示趨勢的運行情況。

透過移動平均線（一般稱為均線）的型態特徵，把握趨勢運行狀態，是一種既簡單又有效的方法。MACD指標正是以均線為基礎，只有瞭解均線的原理、用法，才能為進一步學習MACD打好基礎。

本節在均線設計原理的基礎上，說明如何運用均線的不同型態識別趨勢、把握趨勢。

## 市場成本與趨勢

什麼是趨勢？簡單來說，趨勢就是價格波動的方向，它是以何種方式呈現？直觀來說，價格走勢呈現趨勢運行，再深入一層，多空投資者的不斷交易行為推動著趨勢。那麼，是買方佔優勢，還是賣方佔優勢？一個重要的參考因素就是持倉成本的變化情況。

價格是市場運動的表象，成本運行狀態才是市場運動的本質。當成本呈現下跌趨勢，而價格快速向上運動時，這就是市場的非理性運動，這種運動不會持久，價格很快會回來。

一般來說，市場持倉成本的變化走向，對市場未來走勢有50%的影響力，另外50%由場外陸續進場交易的多空雙方決定。所以，研究市場

成本狀況，對於研究市場價格的未來走勢非常關鍵。

均線指標正是基於對持倉成本變化情況的追蹤來設計的，它的實質意義是描述市場投資者持倉成本的變化情況。

趨勢是一個幅度大、時間長的大級別運動，在當趨勢形成之後，不會輕易被打破。均線做為一個趨勢類指標，有著較強的穩定性，型態特徵一旦形成，就能夠保持得很好，型態不會輕易改變。

因此，以均線為代表的趨勢類指標，普遍具有穩定性的特點，不易被人為操作，因此受到很多中長線投資者的青睞。

## 均線的計算方法

均線採用統計學中移動平均原理，將市場指數（或個股股價）每個交易日的平均價位相連，得到一條曲線，可以用來觀察市場（或個股）的趨勢。

在實際計算中，以每日的收盤價代替當日平均價。以Cn來代表第N日的收盤價，以MA5（即時間週期為5個交易日，即5日均線）為例來說明計算方法。

**第N日的MA5計算**

MA5（N）=（$C_n + C_{n-1} + C_{n-2} + C_{n-3} + C_{n-4}$）÷5

將每一日MA5數值連成平滑曲線，就得到了5日均線。用同樣的方法，還可以得到MA10、MA20、MA30等。

均線正是透過這種方法，反映相應時間週期的市場平均持倉成本。舉例說明，MA5是以5個交易日為週期，它的意義在於反映最近5個交易日的平均持倉成本。MA10是以10個交易日為週期，它的意義在於反映最近10個交易日的平均持倉成本。

均線的靈敏度取決於均線的時間跨度，時間跨度小，靈敏度高，時間跨度大，則靈敏度低。在運用均線把握趨勢時，主要關注其系統（由週期長短不一的多根均線組成）的排列方式，因為它們能夠反映市場持倉成本的變化趨勢。

## 用均線辨識漲勢

均線代表最近一個時間週期的平均持倉成本，以MA5、MA10為例，最近5個交易日的平均成本與最近10個交易日的平均成本，兩者之間有什麼關係？

如果近期價格走勢呈上漲狀態，那麼後進場的平均成本會高於先前，因此最近5個交易日的平均成本，也會高於最近10個交易日，表現在均線系統型態上，就是MA5運行在MA10上方。其實，這也是上升趨勢的典型市場特徵：時間週期越短，平均成本越高。

當價格運行方向進入上升趨勢後，均線系統出現鮮明的多頭排列型態，即週期較短的均線運行在週期較長的均線上方，且整個均線系統呈現向上發散。

其市場含義是：後續不斷進場的買盤，正積極推動著行情向上發展。均線系統的這種多頭排列型態，是上升趨勢的直接反映，可以幫助我們更容易辨識漲勢。

圖2-8是華鐵應急2019年1月至5月走勢圖。圖中由細到粗的4根均線分別為MA10（5日均線）、MA10（10日均線）、MA20（20日均線）、MA30（30日均線）。該股從低位區開始震盪上漲，均線組合開始呈多頭排列，是多方力量開始佔據主導地位的表現，表明當前正處於上升趨勢狀態。

由於此時的趨勢行情剛剛展開，且個股處於中長期低位，所以隨後的趨勢發展空間依舊較為充裕，可以順勢操作。

圖2-8　華鐵應急 2019 年 1 月至 5 月走勢圖

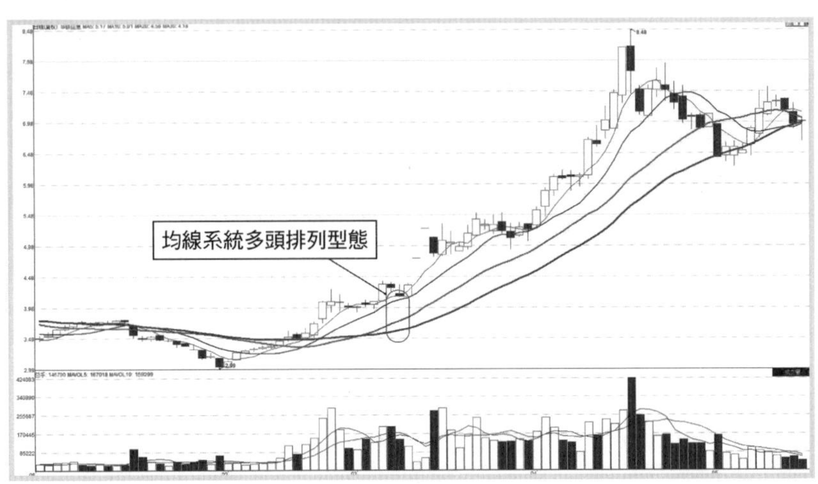


## 用均線判別跌勢

當價格運行方向進入下跌趨勢後，均線系統會出現鮮明的空頭排列型態，週期相對較短的均線運行在週期相對較長的均線下方，而且整個均線系統呈現向下發散。

其市場含義是：後續不斷進場的買盤，無法阻擋行情向下發展。均線系統的這種空頭排列型態，是下跌趨勢的直接反映，可以幫助我們明確辨識跌勢。

下頁圖2-9是福鞍股份2019年2月至6月走勢圖。該股自高位區開始震盪下滑，隨著股價重心的下移，均線系統出現空頭排列型態。雖然此時距離最高點已有一定跌幅，但從中長期角度來看，股價仍然處於高位區，且均線空頭型態呈現當前為下跌趨勢，操作上應順勢賣出，不宜過早抄底進場。

圖2-9 福鞍股份 2019 年 2 月至 6 月走勢圖

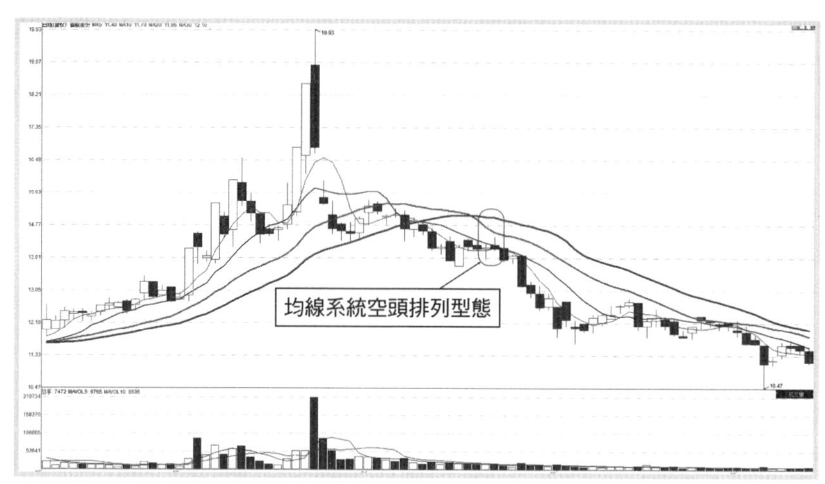


## 30 日均線的方向性

在漲勢或跌勢持續過程中，總有一些震盪盤整區間出現，此時原有的均線多頭或空頭排列型態被打破，那麼要如何借助均線來預判趨勢走向？

一般來說，我們可以透過觀察MA30（30日均線）的走向，以及價格圍繞30日均線的波動特徵，來分析多空力量的變化。從中判斷是多方力量依舊總體佔優勢，還是空方力量不斷增強，進而預判震盪之後的大方向。

如果30日均線仍然傾斜向上，未出現明顯下行，這是多方力量依舊總體佔優勢的表現，從大方向來看，可以期待趨勢向上發展。

如果30日均線出現調頭下行，價格能夠在短線回檔時沒有遠離30日均線，表明多空力量處於均衡狀態，多方力量有望短暫休整後再度轉強。如果個股基本面及市場走勢相互配合，可以持股觀望。

圖2-10　吉比特 2018 年 10 月至 2019 年 8 月走勢圖

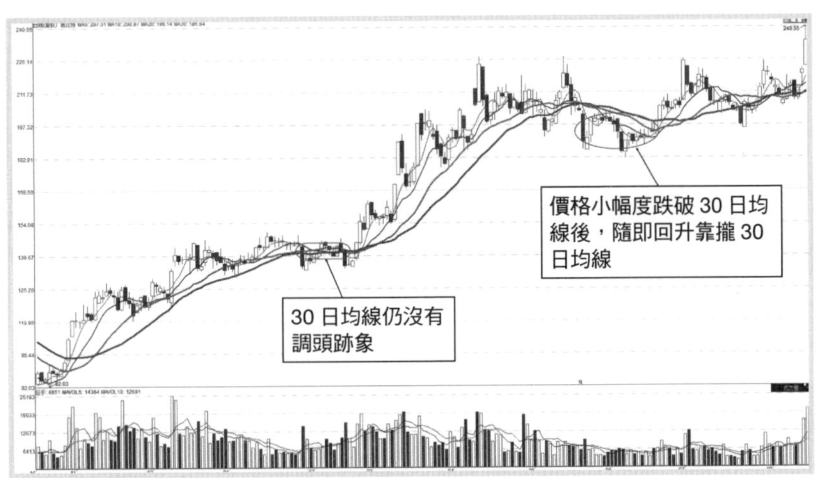


如果在市場或個股回檔時，價格向下明顯遠離30日均線，此時則表明空方力量明顯轉強。隨後的反彈將遇到30日均線的強大壓力，趨勢轉向的機率變得較大，最好在反彈時賣出離場。下面結合一個實例加以說明。

圖2-10是吉比特2018年10月至2019年8月走勢圖。圖中標注的位置「1」的價格走勢雖然橫向震盪，但幅度較小，且30日均線沒有調頭向下，這是多方力量依舊佔據一定優勢的標誌，漲勢仍有望持續。對於中長線持股者來說，可以繼續持股待漲。

位置「2」的價格走勢明顯回檔，30日均線也出現調頭向下，但價格在跌破30日均線後並沒有加速向下，而是快速向上靠攏30日均線，這時的多空交鋒已處於膠著狀態，操作時應密切關注。

如果隨後價格能向上突破30日均線，可繼續看多；反之，則應看空，規避趨勢轉向的風險。

下頁圖2-11是科沃斯2019年4月至10月走勢圖。在下跌過程中，個

圖2-11 科沃斯 2019 年 4 月至 10 月走勢圖

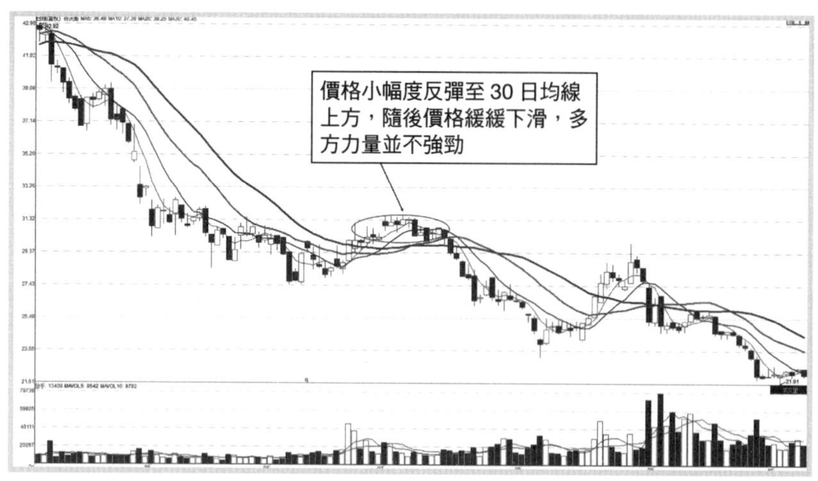


股的一波反彈，使得價格位於30日均線上方，且均線空頭排列型態被打破，這是跌勢出現分歧的標誌。此時，應及時結合價格波動特徵來判斷趨勢走向。

對於該股來說，價格只是小幅度反彈至30日均線上方，這表明多方推升力量不充足，不是多空力量整體對比格局改變的標誌。隨後，價格緩緩下降，當再度跌破30日均線時，預示跌勢盤整階段將結束，也是趨勢重回下跌軌道的訊號。

## 葛蘭碧均線 8 大法則

對於均線的交易方法，美國投資專家葛蘭碧利用他創造的八項法則，詳盡地進行總結。這八項法則包括四項買進法則和四項賣出法則，涵蓋中長期操作，也涵蓋短線操作。在技術分析領域，歷來的均線使用者都將其視為重要參考。以下看看這八項法則的說明。

圖2-12 葛蘭碧均線交易八大法則示意圖

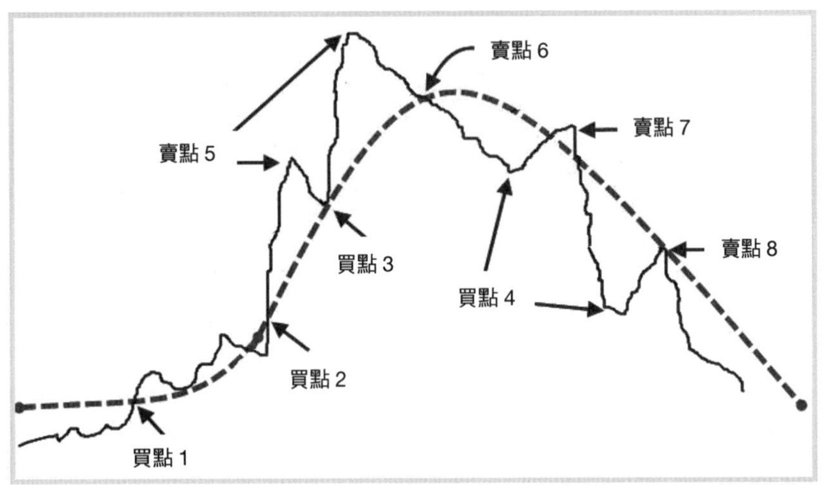


圖2-12是葛蘭碧均線交易法則示意圖。圖中較粗的虛線是中期均線（30日均線），或是中長期均線（60日均線），如果個股的股性較活躍、價格波動急速，一般以30日均線代替，如果價格波動與市場指數相近，則用60日均線代替，而細線可以看作短期均線（5日均線）。以下分別介紹4個買點和4個賣點。

## 買點 1

價格處於中長期的低位區，此時30日均線開始走平，隨後當5日均線向上運行，並出現交叉穿越30日均線時，說明買盤開始推動價格上漲，是將會出現上漲行情的訊號，可以進行中長線的買股佈局操作。

## 買點 2

價格走勢自低位區開始穩步上行，此時5日均線運行在30日均線上方，隨後因短期的下跌走勢使得5日均線跌至30日均線下方，當5日均線再度上行，並交叉穿越30日均線時，則預示著新一波上漲走勢即將展開，可以進行中短線的買股操作。

## 買點 3

在上升途中，一波快速的回檔下跌走勢使得5日均線跌至30日均線附近，但30日均線對5日均線形成有效的支撐，是上升趨勢中短線買股的好時機。

## 買點 4

在下跌途中，均線開始呈空頭排列型態，一波或兩波的快速大幅度下跌，使得5日均線向下明顯遠離30日均線，這時市場處於短期超賣狀態，個股只需不多的買盤介入，即可迎來一波強勢反彈，所以可以適當地短線買股，把握反彈行情。

## 賣點 5

上升途中，短期內的快速上漲走勢使得5日均線向上明顯遠離30日均線，這是買盤集中湧入、多方力量快速釋放的表現。隨後，在快速上漲後的階段性高點，由於獲利賣壓增多、買盤跟進不足，容易出現回檔下跌走勢，此時是短線賣股的好時機。

## 賣點 6

在長期上漲後的高位區，5日均線因價格持續回檔而向下運行。若出現5日均線向下交叉，並穿越30日均線的型態，則預示空方賣壓逐步增強，多方力量明顯減弱，是中期頂部出現的訊號。此時應進行中長線的賣股操作。

## 賣點 7

在高位區，5日均線持續運行於30日均線下方，且30日均線已開始調頭下行，這是趨勢反轉向下的表現。短期內的一波快速上漲走勢使得

5日均線向上突破30日均線，一般來說，這一波的上漲走勢並無礙於趨勢的下行，宜逢高賣出。

## 賣點 8

在下跌途中，一波反彈上漲走勢，使得5日均線上升至30日均線附近，30日均線對5日均線構成有效的壓力，此時是下跌趨勢中短線賣股的時機。

# 2-5 畫出趨勢線，根據支撐與壓力鎖定買賣時機

均線的組合型態可以直接、清晰地呈現趨勢。此外，趨勢線也是一種方便、有效的工具。利用趨勢線，可以大致瞭解漲勢的回檔支撐位、跌勢的反彈壓力位，而且能妥善應對震盪行情，把握不同行情下的買賣時機。

## 趨勢線的畫法與上升下降

趨勢線的主要作用，呈現價格波動中的支撐位與壓力位的變化。對於上升趨勢，它是大方向的向上震盪過程，支撐位會逐步上移，趨勢線是傾斜向上的，這樣的趨勢線被稱為上升趨勢線。

對於下跌趨勢，它是大方向的向下震盪過程，壓力位會不斷下移，趨勢線是傾斜向下的，這樣的趨勢線被稱為下降趨勢線。趨勢線主要透過連接價格波動中的兩個相鄰高點（或低點）而形成。

就上升趨勢線而言，對於「後底高於前底、後頂高於前頂」的震盪上漲走勢，連接相鄰的兩個回檔低點，得到上升趨勢線。它的作用在於顯示上升趨勢回檔時的支撐位，即在隨後的價格波動中，當再度回檔至此線附近時，將獲得有力支撐。

就下降趨勢線而言，對於「後頂低於前頂、後底低於前底」的震盪下跌走勢，連接相鄰的兩個反彈高點，得到下降趨勢線。它的作用在於顯示下跌趨勢反彈時的壓力位，即在隨後的價格波動中，當再度反彈至

此線附近時，將遇到強大壓力。

一般來說，趨勢能夠連接的點數越多，就越能呈現行情發展的可靠性。當更多的點出現在上升趨勢線中，代表這些點連成的直線，對於股價的下跌構成強大的支撐。相反地，當更多的點出現在下降趨勢線中，代表這些點連成的直線，對於股價的反彈構成強大的壓力。

## 上升趨勢線交易技術

對於趨勢線來說，45度的趨勢線最穩健，特別是當上升趨勢線（或下降趨勢線）剛剛形成時，新一輪趨勢呼之欲出。依據趨勢給出的支撐（或壓力）位置提示，可以較好地把握買賣時機。

過於陡峭的趨勢線代表價格走勢的急速變化，往往難以持久，當短期內價格漲跌幅度過大時，易引發價格走勢的快速反轉。

下頁圖2-13是韋爾股份2019年4月至2020年5月走勢圖。將個股低位震盪的回檔低點相連接，得到一條上升趨勢線，這是一條指示趨勢運行狀態的直線。之後，當價格再度出現震盪回檔，並接近趨勢線時，就是上漲中的回檔買進時機。

從圖2-13可以看到，這條趨勢線呈現整個上升過程的支撐位變化。當個股累計漲幅較大，上漲至高位區後，出現一波持續的上漲，使得價格明顯遠離趨勢線。由於價格有再度向下靠攏趨勢線的動力，此時宜逢高減倉或賣出。

值得注意的是，高位區的一波深幅回檔跌破趨勢線，這表明原有的多空狀態已被打破，個股或將在高位區出現震盪。操作上，應在隨後的反彈過程中減倉或賣出。

## 下降趨勢線交易技術

對於高位區的震盪走勢，如果能畫出一條下降趨勢線，往往是空方力量整體佔優勢的標誌，操作上宜逢高賣出。

圖2-13 韋爾股份2019年4月至2020年5月走勢圖

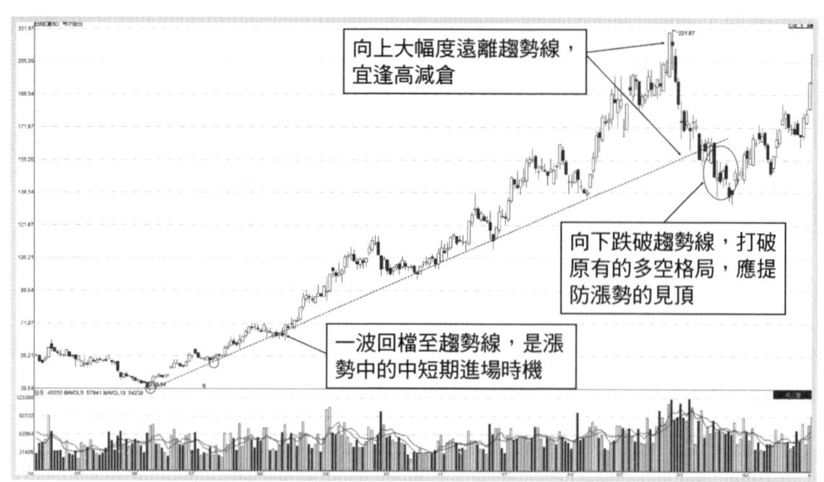


圖2-14是思維列控2019年4月至12月走勢圖。在下降趨勢線上選取第一個高點時，並沒有取當日最高價，而是取當日的中間價，這是因為個股短線漲勢過於淩厲，當日的中間價（或平均價）才能更好地展示這一波上漲的壓力位。在畫出下降趨勢線後，當股價經一波反彈至此線位置點時，就是反彈賣出的時機。

## 上升趨勢線角度變化

上升趨勢的持續推進，往往是多方力量逐步變強、上漲速度不斷加快的過程。趨勢的整個運行也是一個加速的過程，趨勢線並非一成不變，起初是漲勢較緩，隨後漲速提升，最後進入加速階段。

這種由緩到急的過程，表現在趨勢線上，就是上升趨勢線會隨著上漲速度的不斷加快而不斷變陡峭。

一般來說，多數個股經歷一次趨勢線的角度調整後，就會逐步進入

圖2-14　思維列控 2019 年 4 月至 12 月走勢圖

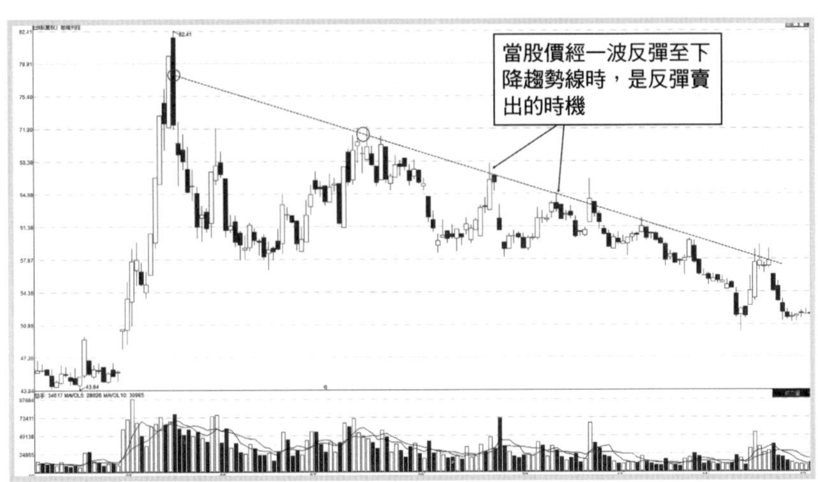


頂部區。少數個股能經歷兩次趨勢線的角度轉變，這是中長線的牛股，累計漲幅往往極大，當價格於高位區跌破趨勢線時，往往也是頂部出現的訊號。以下用實例加以說明。

下頁圖2-15是漫步者2019年7月至2020年5月走勢圖。隨著上升趨勢速度由緩到急，趨勢線角度經歷了兩次調整。結合價格運行特徵的變化及時畫出新的趨勢線，不能僅在早期畫出一條上升趨勢線後就放手不管，因為早期畫出的趨勢線，難以完全表現個股後期的運行方式。

個股在高位區跌破第二次角度調整的趨勢線，雖然震盪中的股價再創新高，但此時的操作策略應逢高賣出，規避頂部出現的風險。

## 趨勢反轉交易技術

趨勢線的支撐或壓力作用並非一成不變，隨著行情的發展，上升趨勢線將因空方力量的增強而被跌破，下降趨勢線則會因買盤的湧入而被

圖2-15 漫步者 2019 年 7 月至 2020 年 5 月走勢圖

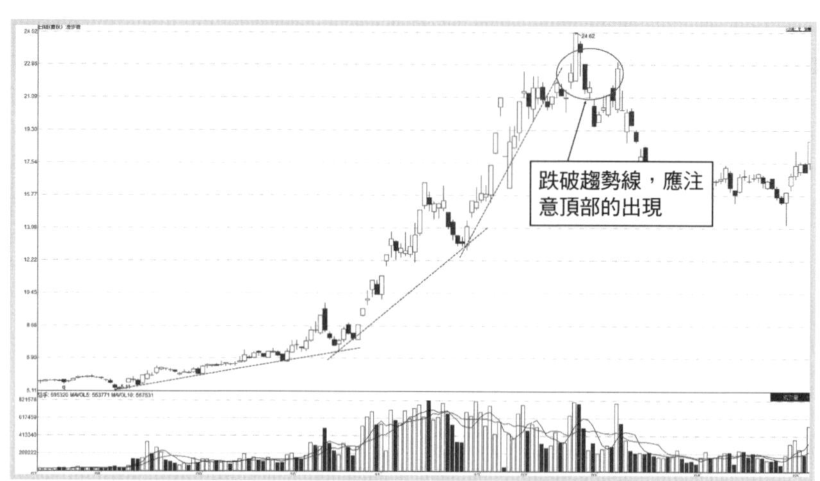


突破。這往往是趨勢轉向的訊號，此時原有的趨勢線作用將發生變化。

原有的上升趨勢線在上漲行情中具有支撐作用，將對價格的反彈形成壓力，轉變為壓力作用。反之，原有的下降趨勢線在下跌行情中具有壓力作用，將對價格的回檔形成支撐，轉變為支撐作用。

投資者在應用趨勢線時，應該注意壓力線與支撐線之間的這種轉變，因為這預示趨勢的反轉。圖2-16、圖2-17說明趨勢線的支撐、壓力作用的轉變方式。

圖2-16　支撐線轉化為壓力線

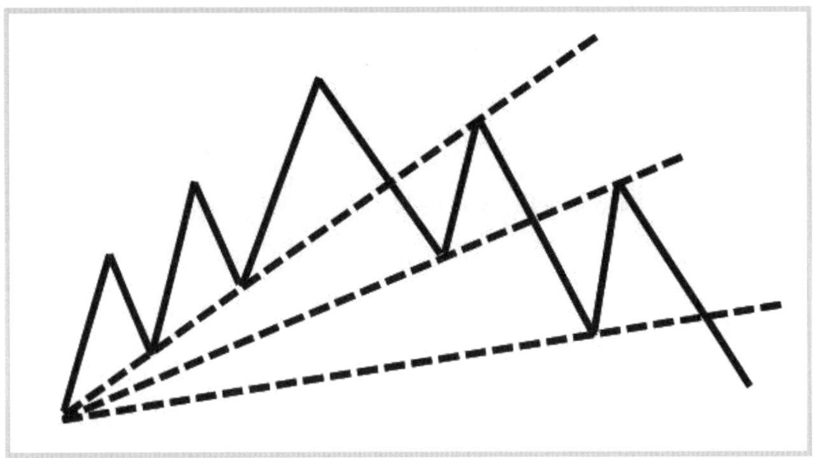

圖2-17　壓力線轉化為支撐線

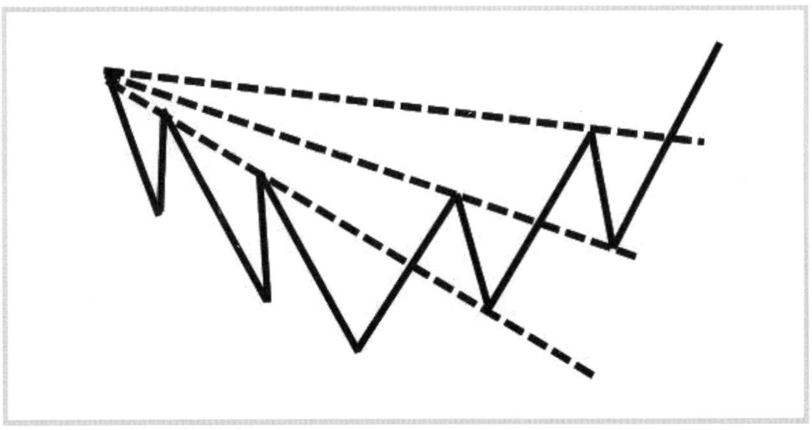

經過學習前兩章的技術分析基礎知識，我們已經具備了進一步學習MACD指標的知識結構。MACD指標的基礎知識不難理解，它是在均線的基礎上發展起來·但是MACD指標的使用十分靈活。

本章從MACD指標的原理、圖形特點、市場特徵等基礎點著手進行講解，為後續的指標運用打好基礎。

# 第 3 章

# 活用 MACD 指標，規避風險、掌握波段漲幅

# 3-1 MACD透過量化和圖形的方式，呈現股價運動

對於均線來說，短期均線更靈活，中長期均線則更穩定。短期均線與價格走勢最接近，能夠好好地反映市場持倉成本的快速變化，但價格的快速變化往往會增強反向牽引力，促使價格向中期（或中長期）成本靠攏。

MACD指標就是以此為出發點，透過量化及圖形的方式，呈現價格運動的這個特性。

## 快慢均線的收斂特徵

均線是一種極為重要的技術分析工具，因其良好的穩定性與指示性，受到廣大投資者的喜愛，當然也包括專業的技術分析師。

MACD指標的發明者阿佩爾在對均線的研究中發現，在一波價格上漲或下跌的趨勢中，較短期均線往往迅速脫離較長期均線，隨後在價格走勢趨緩的時候，兩者又會逐漸聚合。

均線系統的這種特性，可以這樣描述：週期較短的均線與週期較長的均線之間呈現出一種「分離，聚合，再分離」的特徵，這種特徵也可以被稱為「收斂」。

對於均線系統的收斂特徵，可以這樣理解：市場總是在理性與非理性之間來回切換，中長期持倉成本代表著市場的理性價位區間，當短期價格波動幅度過大時，表明市場處於非理性變動中。

一般來說，非理性的價格運動並不能持久，無論是加速上漲，還是加速下跌，勢必有向理性價位區域靠攏的傾向。而當價格回歸至理性價位區域後，經過一段時間多方力量（或空方力量）的再度累積，市場又將再次獲得脫離中長期持倉成本區域的動力，使得價格再度遠離中長期成本區域。

市場（或個股）的這種運動特徵表現在均線系統上，即短期均線與長期均線之間的分離、聚合、再分離。

例如，在一波上漲走勢中，由於樂觀的上漲情緒湧現，股價加速上漲，這是市場的非理性表現，持續性一般不強，隨著理性的回歸，股價也將有一定的回檔。這種情形表現在均線系統，即短期均線向上快速運行並遠離中長期均線，隨後短期均線又有再度向下靠攏中長期均線的動力。

簡單來說，均線的收斂特性就是當短期均線與中長期均線黏合時，會有遠離中長期均線的傾向；當短期均線遠離中長線期均線後，會有再度靠攏中長期均線的傾向。

## MACD 指標與圖形辨識

均線具有的這種收斂特徵，是否可以用量化或圖形的方式呈現？如果可以，則短期均線與中長期均線的偏離情況可以直觀呈現，並作為投資參考。基於這種考慮，阿佩爾發明了一種全新的技術指標——MACD。

在經過大量的測試之後，阿佩爾選取時間週期不同的兩條均線，一條為時間週期相對較長的均線MA26，也稱為慢速均線，一條為時間週期相對較短的均線MA12，也稱為快速均線。

透過這兩條均線的差值，再輔以一定的數學演算法，得到MACD指標，能夠很直觀地反映均線系統的收斂情況。

下頁圖3-1為呈現MACD指標的視窗。在指標視窗的左上方，可以看到「MACD（12，26，9）」，其中的26、12分別代表指標計算時的慢速均線MA26、快速均線MA12。在得出計算數值之後，還要將每個

圖3-1 MACD 指標視窗

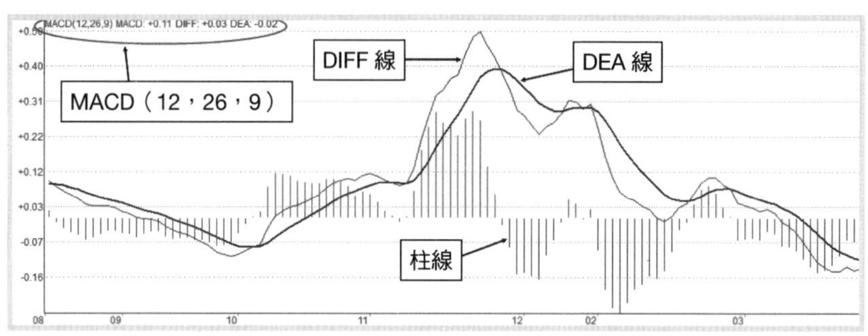


交易日的指標值連成平滑的曲線，「9」代表進行平滑處理的時間週期為9個交易日。

此外，指標視窗的組合還包括DIFF線、DEA線、柱線。DIFF值也稱為離差值，它是快速平滑均線（EMA1）和慢速平滑均線（EMA2）的差值，其絕對值反映了兩條均線之間的收斂情況。

可以把DEA線看作以DIFF值為參數的均線，它可以較為平滑地呈現DIFF值的變化情況。在一定程度上規避了DIFF線型態過於突兀的型態，使相應的指標線產生平滑效果，使我們更能看清相應指標線的運行趨勢。

當DIFF值為正值時，說明快速均線運行於慢速均線上方；反之，當DIFF值為負值時，說明快速均線運行於慢速均線下方。當DIFF值的絕對值在不斷變大時，表明快速均線正在遠離慢速均線。

柱線（BAR）代表的數值是DIFF值與DEA值之差的兩倍，它將DIFF線與DEA線的分離、聚合情況立體化、形象化。透過觀察柱線的變化，可以清晰地看到DIFF線與DEA線的位置關係。

當DIFF線運行於DEA線上方時，代表目前多方力量佔優勢；當DIFF線運行於DEA線下方時，代表當前空方力量佔優勢。

## MACD 指標的計算

MACD指標只採用簡單的數位加權演算法，指標計算時選取兩條均線：EMA1（時間週期為12日）和EMA2（時間週期為26日）。EMA1與EMA2的差值用離差值DIFF來代表。

**1. 計算收盤價的平滑移動平均值，分別以12日、26日為平滑週期**

EMA1=EMA（收盤價，12）=〔2×收盤價+（12 1）×上一日的EMA1〕÷（12+1）

EMA2=EMA（收盤價，26）=〔2×收盤價+（26 1）×上一日的EMA2〕÷（26+1）

透過連接每個交易日的EMA1數值點，可以得到一條週期為12日的平滑均線，同理得到一條週期為26日的平滑均線。

**2. 計算DIFF（離差值）**

DIFF=EMA1 EMA2

DIFF的正負反映兩條平滑均線的上下位置關係，DIFF絕對值的大小則反映它們之間的分離程度。

**3. 計算DIFF的9日EMA數值**

DEA=EMA（DIFF，9）

這是對DIFF值進行平滑處理。

**4. 計算MACD數值**

MACD=（DIFF DEA）×2

這個數值是DIFF與DEA差值的2倍，以柱線的長度呈現，當MACD >0，柱線在0軸上方；當MACD <0，柱線在0軸下方。

## MACD訊號操作法

柱線是使用MACD指標時的一個關鍵，因為柱線的變化更直觀、立體，有助於我們及時把握DIFF線的運動情況。

# 3-2 解讀多空訊息時，核心在於 DIFF 線的型態特徵與……

在MACD指標運用中，DIFF線的型態特徵與價格、0軸、DEA線的關係等，是解讀市場多空訊息的核心。想要更理解MACD指標，首先要對DIFF線蘊含的市場含義有全面、深入的理解。

本節介紹DIFF線蘊含哪些市場訊息，而且說明可以從哪些角度來解讀這些訊息？

## DEA 線的角度變化

DEA指標線更為平滑，能夠更好地反映MACD指標的變化趨向。因此，在觀察MACD指標線的型態特徵時，可以使用DEA線。

MACD指標線的角度可以反映價格運動的緩急程度。對於指標線的角度，可以用陡峭與平緩來描述。「陡峭」代表指標線的上升（或下降）的傾斜角相對較大（結合指標的整體型態特徵），「平緩」代表指標線的上升（或下降）的傾斜角相對較小。

指標線越陡峭，價格沿某一方向的波動越急速；指標線越平緩，價格的波動越緩慢。在關注指標線的角度變化時，應注意以下兩方面。

1. 陡峭上升的指標線與陡峭下降的指標線可能相繼出現，這是價格急漲急跌的標誌。

2. 指標線長時間平緩運行後，往往會出現與原方向相反的陡峭變

圖3-2 海通證券 2019 年 7 月至 2020 年 1 月走勢圖

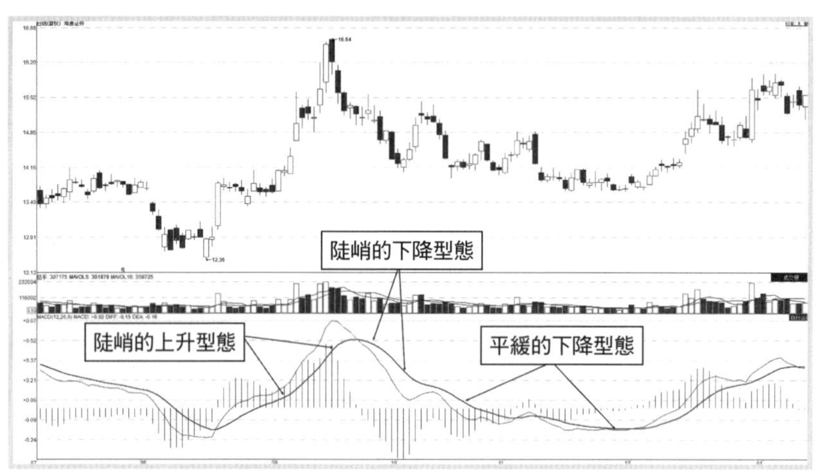


化，這是強勢反彈行情（或急速下跌行情）的標誌。

圖3-2是海通證券2019年7月至2020年1月走勢圖。圖中標注DEA線的三個時間段，第一個時間段為相對陡峭的上升型態，這是價格快速、大幅上漲的反映。隨後，指標線以較大的傾斜角向下運行，這是相對陡峭的下降型態，對應價格走勢的快速、深幅下跌。

當DEA線經歷短時間的陡峭下降之後，再向下運行時的角度明顯變得平緩，且持續時間更長，這是多空力量開始趨於均衡的標誌。由於此時的價格累計回檔幅度已經較大，當DEA線再度變得相對陡峭時，方向是向上的。

## DIFF 線與價格運動的關係

DIFF值反映快、慢速均線之間的距離。一般來說，DIFF線的方向

圖3-3　法拉電子 2019 年 10 月至 2020 年 4 月走勢圖

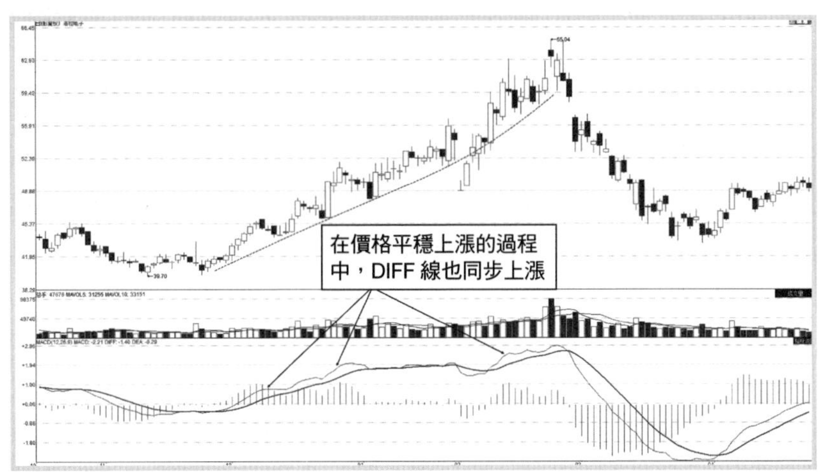


與價格方向相同、走勢同步。在價格大方向剛剛起步時，如果DIFF線與價格走勢均是穩健地沿同一方向推進，這往往是趨勢持續力較強的標誌，此時不宜逆勢操作。

但是，在一些特殊的位置點，DIFF線也會與價格走勢出現背離。例如，DIFF線開始向下回檔，但同期的價格走勢仍在震盪上漲；或者DIFF線開始上漲，但同期的價格走勢仍在下滑。

一般來說，如果在大漲或大跌之後出現這種背離，往往是中期價格走向將要逆轉的訊號。但是，在累計漲幅或跌幅不大的情況下，DIFF線與價格之間的不同步，不代表趨勢轉向，它只是反映出價格運動過程中，上下波動幅度較為緩和。

圖3-3是法拉電子2019年10月至2020年4月走勢圖。在該股相對穩健的上漲過程中，可以看到DIFF線同步緩慢上行，期間的運行型態特徵也與價格波動方式相近，這正是DIFF線與價格走勢相對同步的表現。

## 指標線的波浪特徵

大到股市，小到個股價格，其運動方式都呈現出典型的波動特徵。其型態如同波浪，波浪理論就是以「波浪」來闡述趨勢的循環。

對於波浪型態，可以用「波峰」與「波谷」來描述。波峰是一個向上的波浪，而波谷剛好相反，是一個向下的波浪。價格走勢的這種波浪特徵，同樣表現在MACD線的型態上。由於DEA線是對DIFF線的進一步移動平均處理，因此它的波峰與波谷均要晚於DIFF線出現，但曲線的平滑效果更好。

圖3-4是MACD指標波浪型態特徵示意圖。從圖中可以看到，隨著價格的上下波動，MACD指標也出現明顯的波浪特徵。

我們如何理解指標線的「峰」與「谷」型態？在實盤操作中，應儘量使用DIFF線的峰與谷，而不是DEA線，因為DEA線只是對DIFF線的一種平滑處理，它本身沒有任何市場含義，且明顯滯後於DIFF線。

其次，我們要理解DIFF線的峰與谷型態所蘊含的市場含義。峰是多方力量開始轉弱、空方力量開始轉強的訊號，代表著市場狀態由多方佔優勢向空方佔優勢的轉變，是一種過渡狀態。能否真正過渡成功，還要結合價格走勢來分析。

如果DIFF線的峰出現時，正對應一波較大幅度的上漲，而且DIFF線向上遠離0軸（或由0軸下方較遠處向上靠攏0軸），市場短期內有較強的反向修正需求。DIFF線的峰型態也預示著，一波下跌走勢很可能出現。

谷是空方力量開始轉弱、多方力量開始轉強的訊號，代表著市場狀態由空方佔優勢向多方佔優勢轉變，同樣也是一種過渡狀態。如果DIFF線的谷出現時，正對應一波較大幅度的下跌，且DIFF線向下遠離0軸（或由0軸上方較遠處向下靠攏0軸），那麼DIFF線的谷型態預示著，一波上漲走勢很可能出現。

圖3-4　MACD 指標波浪型態特徵示意圖

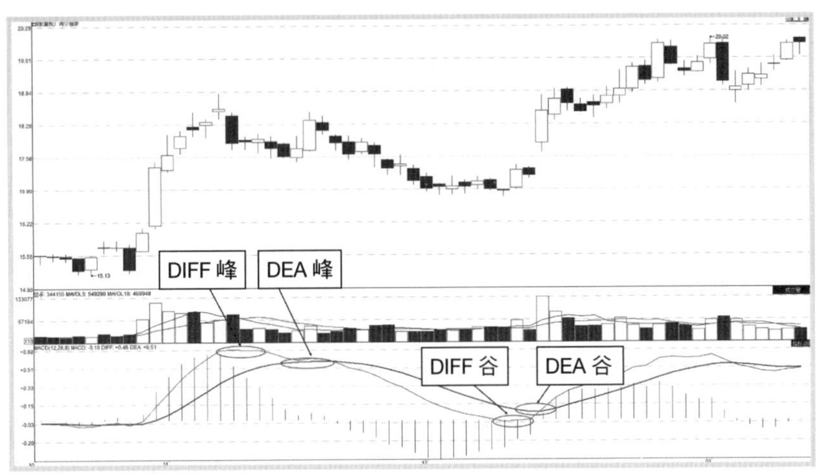


## DIFF 線與 0 軸關係

無論價格上漲、下跌，DIFF線總是圍繞著0軸上下波動。0軸，可以看作多空整體力量對比的分水嶺。當DIFF線穩健地運行於0軸上方，即使向下突破0軸也只持續很短的時間，這就是多方力量整體佔優勢的標誌。

當DIFF線持續運行於0軸下方，很難向上突破並位於0軸上方，這就是空方力量整體佔優勢的標誌。實盤操作中，DIFF線與0軸的位置關係可以為交易提供大方向，是長空短多，博取反彈行情，還是短空長多，需要耐心持有。

下頁圖3-5是復星醫藥2019年12月至2020年5月走勢圖。該股長期處於橫向震盪之中，這個價位區並非絕對的低位區，也非中長期的高位區。橫向震盪之後的方向可上可下，如果僅從價格走勢來分析，很難預判隨後的選擇。

圖3-5 復星醫藥 2019 年 12 月至 2020 年 5 月走勢圖

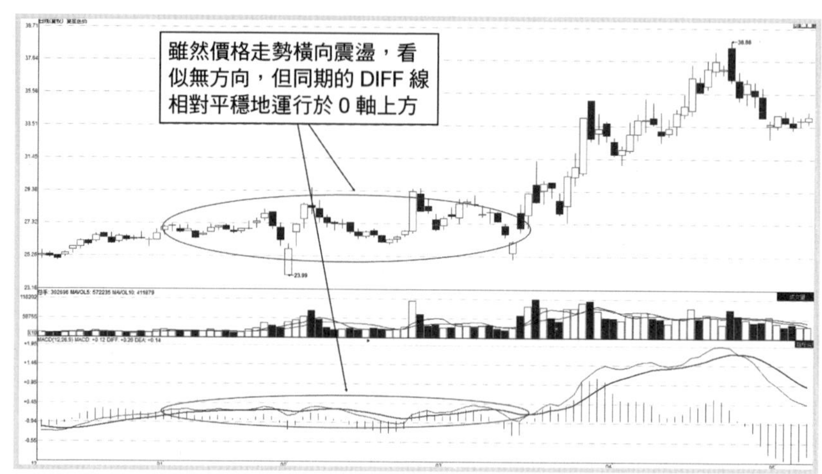


但是，如果將DIFF線與0軸的位置關係納入分析範圍，則可以得到一個相對可靠的推論：個股隨後向上突破盤整區，步入漲勢的機率更大。這是因為在橫向震盪期間，可以看到DIFF線一直穩健運行於0軸上方，這正是多方力量整體佔優勢的標誌。

操作上，可以逢震盪回檔買進，只要個股不出現明確的跌破下行訊號，就可以耐心持有，等待大機率的突破上攻行情出現。

## DIFF 線與 DEA 線的關係

DIFF線與DEA線的關係，主要包括上下位置關係、運行方向關係兩個方面。兩者的位置關係可以反映當前是多方力量佔優勢，還是空方力量佔優勢。當DIFF線位於DEA線上方，表示短期內多方力量相對較強；相反地，若DIFF線位於DEA線下方，是短期內空方力量相對較強的標誌。

圖3-6　首開股份 2019 年 7 月至 10 月走勢圖

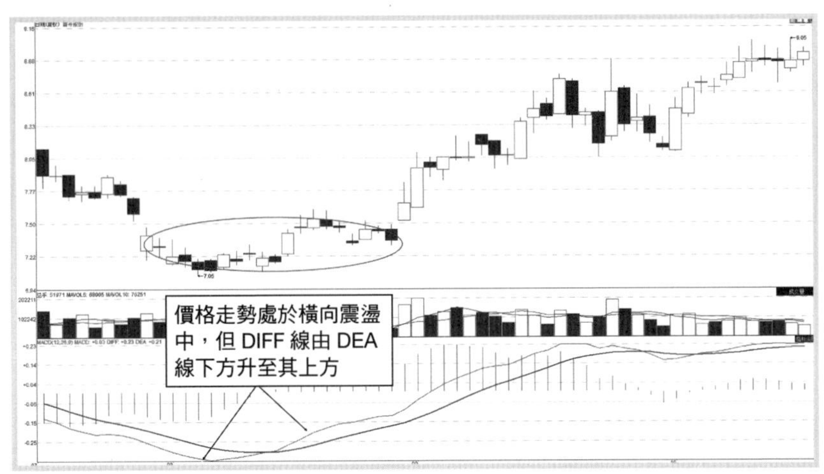


DIFF線與DEA線的方向關係可以反映價格走勢是將要加速，還是調整。兩條線的方向相同，是價格走勢將要沿這個方向加速的訊號；兩條線的方向相反（例如DIFF線向下回檔時，DEA線依舊上行），是價格走勢調整的訊號。

結合以上兩點，以下兩種情況值得注意：

1. 當DIFF線運行於DEA線下方且保持下行態勢時，表示快速均線有向下遠離慢速均線的傾向，價格走勢易跌難漲。
2. 當DIFF線運行於DEA線上方且保持上行態勢時，表示快速均線有向上遠離慢速均線的傾向，價格走勢易漲難跌。

圖3-6是首開股份2019年7月至10月走勢圖。個股仍在橫向震盪之中，在這期間出現DIFF線從DEA線下方轉升至其上方的變化，表示個股由空方力量佔優勢轉變為多方力量佔優勢。

結合當前正處於中長期低位區來看，這種變化預示之後將出現反轉上漲行情，可以適當買進佈局，等待行情出現。

# 3-3 從 6 個角度剖析柱線，透視指標線的關係變化

柱線以鮮明的視覺效果，呈現DIFF線與DEA線兩者距離關係的變化情況，反映DIFF線是在遠離DEA線，還是靠攏DEA線。

一般來說，DIFF線遠離DEA線，代表短線行情的加速；DIFF線靠攏DEA線，代表短線行情的修正。但是，這只是它的直接含義。柱線是MACD指標最靈敏的一個要件。

本節從柱線的顏色、顏色的連續，以及柱線的縮放、靈敏性、鈍化和柱線區的面積這六個角度著手，說明如何全面解讀柱線所蘊含的多空訊息。

## 柱線的顏色長短

在MACD指標的學習中，一些投資者認為，紅柱線對應著股價上漲，綠柱線對應著股價下跌。似乎出現紅柱線的交易日，K線一定收於陽線，而出現綠柱線的交易日，K線則收於陰線。其實，這是一種錯誤的認識。

真實的情況是紅柱線未必對應著股價上漲，出現紅柱線的交易日，股價仍然可能下跌；綠柱線未必對應著股價下跌，出現綠柱線的交易日，股價也可能上漲。之所以有這種錯誤理解，是因為投資者並未真正理解柱線的計算方法、市場含義。

讓我們再看一下MACD指標柱線值（即MACD值）的演算法。

**MACD=（DIFF DEA）×2**

這個數值以柱線的長度呈現，當MACD >0，柱線在0軸上方為紅色；當MACD <0，柱線在0軸下方為綠色。

透過柱線數值的計算可以看出，MACD值是DIFF線與DEA線上下距離的兩倍。它反映出DIFF線與DEA線之間的距離關係，即MACD絕對值變大，代表DIFF線正遠離DEA線；MACD絕對值變小，代表DIFF線在靠攏DEA線。

在一波上漲（DIFF線位於DEA線上方）後的下跌回檔中，快速均線會向下靠攏慢速均線，DIFF值變小，DIFF線向下靠攏DEA線。由於DIFF值仍然可能大於DEA值，所以柱線可以為紅色，出現的變化只是MACD值變大。柱線的變化是紅柱線縮短。

同理，在一波下跌（DIFF線位於DEA線下方）後的反彈上漲中，快速均線會向上靠攏慢速均線，DIFF值變大，代表DIFF線向上靠攏DEA線。但是，DIFF值仍然可能小於DEA值，所以柱線可以為綠色，出現的變化只是MACD值變大（絕對值變小）。這個情況，柱線的變化是綠柱線縮短。

圖3-7是柯利達2020年1月至4月走勢圖。圖中標注兩個時間段，一個是下跌後的反彈，柱線仍然為綠色，但開始縮短；一個是上漲後的回檔，此時柱線仍然為紅色，但開始縮短。

可以說，縮短的紅柱線，對應下跌走勢；縮短的綠柱線，對應著上漲走勢。至於下跌（或上漲）的力道與持續性，則應結合價格走勢及市場運行綜合分析。

有時不斷縮短的紅柱線最終轉變為綠柱線，且開始進一步變長，這是下跌走勢持續推進的標誌。不斷縮短的綠柱線也可以轉變為紅柱線，且進一步變長，這是上漲走勢持續推進的標誌。

圖3-7　柯利達 2020 年 1 月至 4 月走勢圖

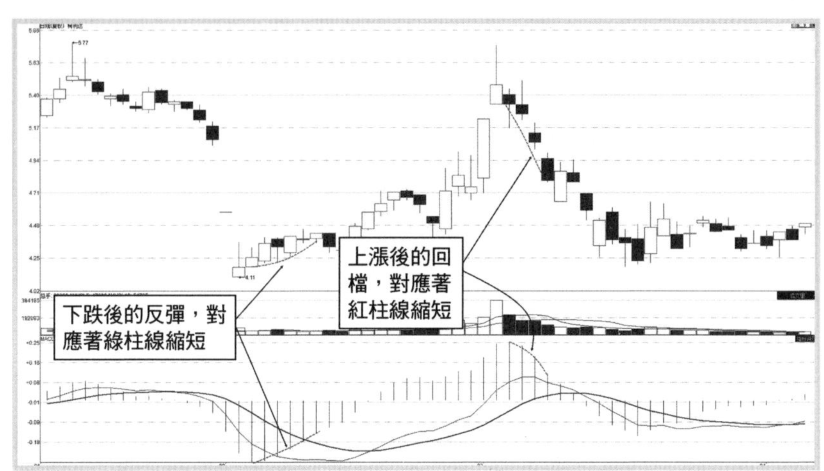


## 柱線顏色的連續性

當紅柱線或綠柱線連續出現時（一般來說，至少5日），即柱線連續呈現為同一種顏色，例如連續呈現紅色（位於0軸上方）或者綠色（位於0軸下方），表示多方力量整體佔優勢（紅柱線連續出現）或空方力量整體佔優勢（綠柱線連續出現）。

再結合價格的整體走勢，柱線顏色的連續性能更清楚呈現多空訊息，為交易提供策略指導，是逢低買進，還是反彈賣出。下面舉例加以說明。

下頁圖3-8是復星醫藥2020年3月至5月走勢圖。個股在長期橫向震盪之後，開始緩慢攀升，此時的柱線顏色為連續紅色，表明多方力量已佔據優勢，只要這種多空局面未出現轉變，就中長線操作來說，宜持股待漲。

隨後，價格走勢自高位開始下跌，跌速緩慢、幅度不大，如果僅從

圖3-8 復星醫藥 2020 年 3 月至 5 月走勢圖

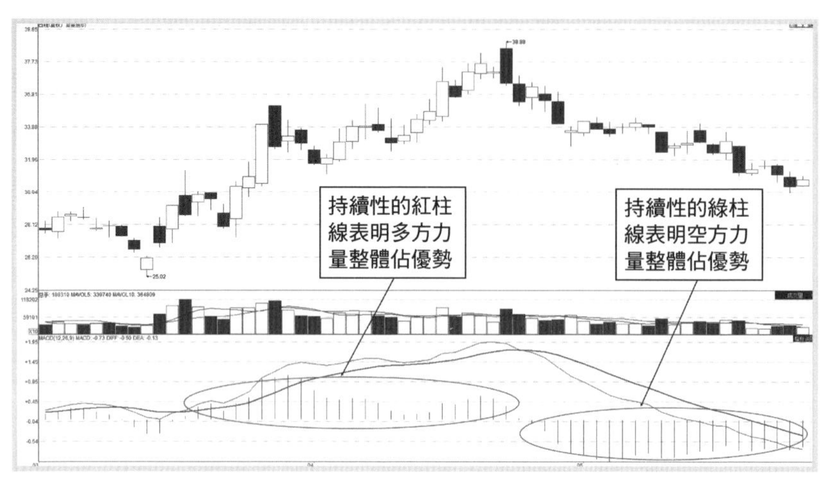


價格型態觀察，很難判斷這是上升途中的短暫回檔，還是預示著中期見頂的行情反轉。但是，利用柱線顏色的變化，多空力量的變化就能一目了然。

可以看到，在持續回檔過程中，柱線顏色已由紅轉綠，且連續呈現綠色，這是空方力量已佔據優勢的標誌。操作上，可以持幣觀望，耐心等待多空力量對比格局的轉變。

## 柱線的縮放

隨著一波上漲（或下跌）走勢的展開，柱線也會伸縮。在一波上漲走勢中，可以看到紅柱線不斷變長（或是綠柱線不斷縮短），而在一波下跌走勢中，可以看到綠柱線不斷變長（或是紅柱線不斷縮短）。這是柱線變化與價格漲跌的對應關係。

此外，我們還應關注柱線的縮放情況，因為這對應著價格漲跌的速

圖3-9　中國軟件 2019 年 11 月至 2020 年 3 月走勢圖

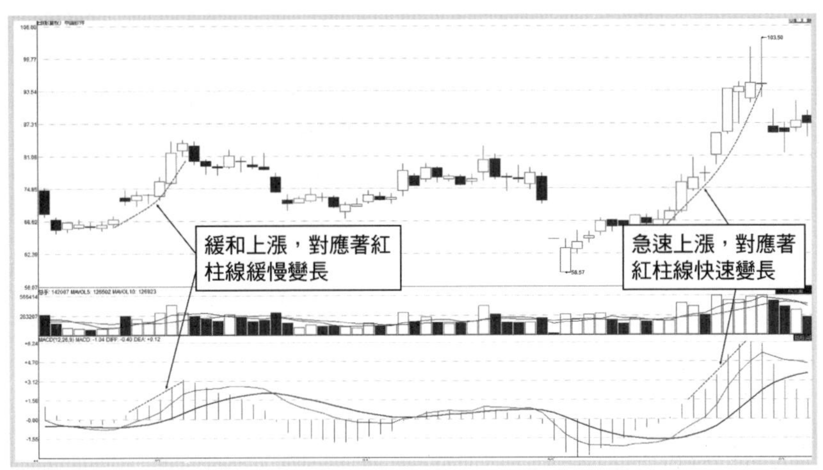


度與力道。柱線的快速變長（或快速縮短）對應著價格走勢的急速變化，同樣是一波上漲，急速上漲波段的紅柱線變長力道，遠遠大於緩和式上漲。

圖3-9是中國軟件2019年11月至2020年3月走勢圖。圖中標注兩波上漲，第一波上漲較為緩和，對應的紅柱線變長也較為緩和，第二波上漲速度與幅度更大，對應的紅柱線變長效果也更為明顯。

## 柱線的靈敏性

對MACD指標的分析可以從多個角度進行，例如DIFF線的型態、DIFF線與DEA線之間的距離變化、柱形的顏色、DIFF線與DEA線的交叉關係等，但從這些角度分析，都不如從柱線的伸縮變化角度分析。

特別是在短期波動幅度較大時，結合價格走勢，利用柱線的伸縮變化，能更明確把握短期高低點，避免指標訊號遲滯導致錯失時機。

圖3-10 一汽解放 2020 年 3 月至 5 月走勢圖

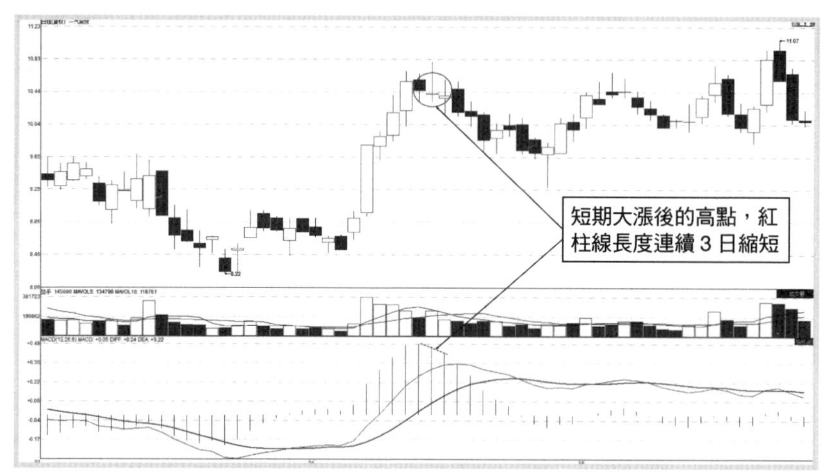


一般來說，在價格短期波動較大的時候，以下兩種柱線伸縮情況值得注意：

## 1. 在短期快速上漲後的高點

若連續兩三個交易日出現紅柱線縮短的情況，往往表示多方推升力量開始減弱，應注意隨後可能出現的深幅調整風險。

## 2. 在短期快速下跌後的低點

若連續兩三個交易日出現綠柱線縮短的情況，往往表示空方拋售力道開始減弱，應注意把握隨後可能出現的反彈買進機會。

圖3-10是一汽解放2020年3月至5月走勢圖。該股出現一波快速上漲，期間柱線快速變長，但在隨後的運行中，紅柱線長度連續三個交易日縮短，表示可能出現調整走勢，應注意減倉，規避風險。

圖3-11　法拉電子 2019 年 9 月至 2020 年 2 月走勢圖

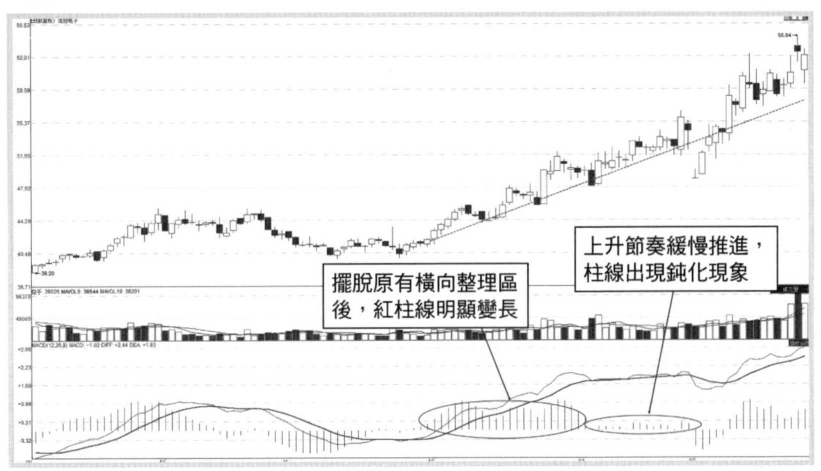


## 柱線的鈍化

柱線長度的變化主要用於反映短期內的價格波動情況，波動幅度大，柱線的收放特徵明顯。波動幅度較小，則柱線的收放特徵不明顯，也就是柱線出現了鈍化。

在趨勢沿原有方向持續推進的過程中，如果上漲走勢或下跌走勢的運動方式較為緩和，應注意柱線的鈍化現象。此時，出現的紅柱線縮短或綠柱線縮短，不代表多空力量對比格局的變化，也不能做為中短期買賣訊號。

圖3-11是法拉電子2019年9月至2020年2月走勢圖。該股在脫離盤整區開始步入上升通道後，起初的上漲行情中，可以看到紅柱線呈現明顯變長狀態，這是因為價格走勢擺脫原有的橫向整理，快速均線開始向上運行。

隨著行情的持續，由於上升一直保持不急不緩的節奏，沒有加速也沒有大幅回檔，使慢速均線向上靠攏快速均線，且兩條均線幾乎同速行進。造成兩條均線之間的距離始終保持著較窄的狀態，即柱線始終處於較短的狀態，這就是柱線的鈍化現象。

## 柱線區的面積變化

長時間的橫向震盪走勢是趨勢狀態不明朗的標誌。在震盪之後，方向可上可下，除了可以結合價格所處位置區間（即目前處於中長期高位區，還是低位區）預判後期走向外，還可以觀察柱線區面積變化，預判走勢。

所謂的柱線區面積是指紅柱線區面積與綠柱線區面積。一般來說，紅柱線區面積可以視為多方力量大小，綠柱線區面積可以視作空方力量大小。

在橫向震盪區間，如果紅柱線區面積明顯大於綠柱線區面積，且價格處於中長期低位區（或是前期累計漲幅較小的位置點），那麼之後的行情向上的機率更大。

如果綠柱線區的面積明顯大於紅柱線區的面積，且價格處於中長期高位區（或是前期累計漲幅較大的位置點），之後的行情向下的機率可能會更大。

圖3-12是八方股份2019年11月至2020年3月走勢圖。該股在大漲之後在高位區橫向震盪，期間的股價重心沒有下移，綠柱線區的面積明顯大於紅柱線區，表明震盪區的空方力量佔據優勢。結合價格正處於高位區間來看，震盪之後的方向向下機率更大，實盤操作時，可以在震盪高點賣股離場。

圖3-12　八方股份 2019 年 11 月至 2020 年 3 月走勢圖

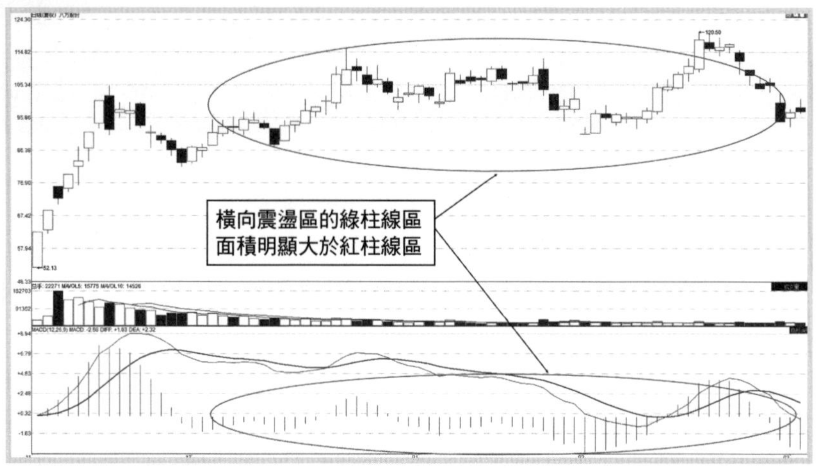

# 3-4 搭配量能、主力、題材……，增強你的投資戰力

MACD指標是一個適用於長線分析，也適用於短線分析的重要技術指標。指標本身所發出的買賣訊號可以做為交易的參考，若能配合其他技術分析手段，則交易成功率將大大提升。

那麼，其他的技術手段是什麼？如何與MACD指標相互配合？這就需要搭建一個以MACD指標為核心的交易系統。本節探討搭建MACD交易系統的方法，以供投資者參考。

## 看長做短，關注趨勢

對於任何技術交易方法，趨勢都是首要關注的重點。趨勢代表著市場的大環境，表現市場是處於震盪上漲之中還是整體下跌之中。無論是中長線持股待漲的策略，還是追擊強勢股，或是逢低買進的短線策略，都離不開對趨勢的判斷。一般來說，不同的趨勢運行狀態對應著不同的短線交易策略。

### 1. 上升趨勢中

投資者熱情較高的市場環境下，保守的操作，可以逢回檔買進、佈局滯漲股，也可以使用追漲強勢股、出擊漲停板，這種相對積極的操作手法。

### 2. 下跌趨勢中

投資者進場意願較低的市場環境下，宜採取超跌買進、博取反彈的短線策略，而不是追漲操作。

### 3. 震盪行情中

市場價格不會普漲共跌，但是類股輪動、熱點切換十分頻繁，宜結合市場熱點不斷換股，可以適當參與追漲，但不宜追漲買進短線漲幅過大的個股。

## 量價配合，指標驗證

量價分析是解讀市場多空訊息最有效的技術手段之一，成交量蘊含豐富的市場含義，量能的異動往往先於價格走勢的轉折，典型的放量或縮量型態都包含一定的多空含義。

在利用技術指標所發出的訊號進行交易時，這些訊號能否得到量價型態的支持，是決定交易成功率高低的關鍵因素。如果指標的賣出訊號與預示下跌的量價型態相配合，之後出現一波下跌的機率更大。如果指標提示的買進訊號，與預示上漲的量價型態相配合，隨後出現一波上漲的機率更大。

當量價型態所提示的方向與指標訊號相反時，交易的成功率將大大降低。可以說，充分利用量價型態的提示，再結合指標訊號展開交易，是更為穩當的操作方法。

## 消息與題材的作用

股市是一個對消息敏感的市場。特別是市場預期之外的消息，可以快速形成市場熱點，吸引大量投資者關注，進而直接影響價格的漲跌，並催生相關的熱門題材。例如，社會生活中出現某一重大事件，且這個事件具有較強的持續性，那麼這個事件就會催生出相應的題材股。

題材股的走勢不能簡單利用技術指標或量價型態來分析，它們往往呈現出較為極端的波動方式，例如連續的漲停板，這時的指標型態與買賣訊號會出現一定的失真。

因此，在分析這類個股的後期走勢時，更應結合同類題材股的表現情況、個股的短期漲跌幅度、當前所處的長期位置區間、題材的後期持續性等因素綜合分析，而不是過度依賴指標所發出的超買超賣訊號、背離訊號、交叉型態等。

## 關注主力市場行為

如果大量仔細查看個股K線走勢就會發現，在業績變化不大的情況下，總有一些個股可以走出獨立於大盤的行情。這類個股或是長線走勢具有獨立性，或是階段走勢具有獨立性，不隨大盤指數變化而變化。

個股與個股走勢之間的巨大差異，在排除業績變化的影響之外，往往與主力資金的運作息息相關。

主力是股市中的主導力量，能具有這種能力，與其資金實力相關。雖然個人投資者群體龐大、資金總量也很大，但由於個人投資者的買賣行為分散，無法形成合力，因此只能被動地參與個股，無法制約甚至決定個股的走勢。

主力則不同，主力往往能集中自己的資金於單獨一支或少數幾支個股上。股市是一個資金驅動市場，誰手中握有更多的股票籌碼，誰對個股走勢的影響力就越強。

主力是一個籠統的稱呼，包括多種類型，例如基金、券商、投資機構、大股東、市場游資、民間資本、私募基金等。對於個人投資者來說，主力類型難以分析，也不必瞭解。個人投資者只需關注個股走勢特點，結合個股特性，來分析個股是否有主力入駐，以及主力的市場行為，進而跟隨主力制定交易策略。

例如，走勢強於大盤且仍處於低位的個股，很可能有中長線主力運作，個人投資者可適當採取回檔買進、耐心持有的策略，等待主力後期拉升帶來的可觀利潤。又如，高位滯漲弱於大盤的個股，其走勢很可能與主力的高位出貨行為相關，個人投資者應及時逢高賣出，規避主力出貨後的跌破下行風險。

##  急速行情的分時運用

短線飆升、短線暴跌的個股，日K線圖上往往會出現連續大陽線甚至連續漲停板的突破走勢，這時日K線圖上的技術指標會相對鈍化。如果只從日K線圖著手分析，很有可能錯失追漲買進的時機。同樣的情況也出現在短線暴跌走勢中，如果從日K線圖著手，很有可能錯失最佳賣出時機。

處理這類極端行情下的個股時，從分時圖著手把握買賣時機是一個更好的選擇。分時圖的技術要素，可以即時呈現多空力量的對比及變化情況。對於短線飆升的強勢股，尋找盤中的追漲買進時機；對於短線暴跌的風險股，尋找盤中的反彈賣出時機。這是兩種有效的短線交易策略。

除了單純使用分時量、分時線型態這種基礎的分時圖技術要素，將技術指標應用於分時圖也是一種較好的方法。

以MACD指標為例，它不僅可用於日K線圖的技術分析，也同樣適用於分時圖的分析。利用分時圖中的MACD指標型態特徵、多空訊息，我們能夠把握盤中買賣時機，在急速行情中，把握強勢股和風險股的買賣時機。

##  多指標的互補共振

MACD指標既能反映趨勢，也可以反映波動。但是，就趨勢而言，它的型態特徵不如均線突出，就波動而言，它的靈敏性不如KDJ等專用於分析盤整行情的擺動類指標。

因此，一個指標兼具多種特性之後，它的每一種特性在實戰中的作用，往往不如專門的指標更有效，所以投資者在使用指標時，應有一個綜合性的思維。

在實戰中，與MACD指標互補作用較好的指標，當屬隨機指標（KDJ）。KDJ主要用於盤整行情，十分靈敏，它可以提前發現市場的超買超賣狀態，正好彌補MACD指標因呈現趨勢性而靈敏度不足的缺點，有助於在價格波動較快的位置點，幫助投資者更及時、更準確把握低買高賣時機。

## 倉位的合理調度

一個好的交易系統，無論是基本面分析還是技術分析，都只是一種或然率的預測，運用純熟則勝算更大，但投資者並不能十分有把握純熟運用交易系統。

包括股市在內的金融市場，是一個高風險的交易場所，一筆交易可能獲利，也可能虧損，但這只是數學統計上的成功機率，並不代表最終的結果。

因為，即使十筆交易中有九筆獲利，只有一筆虧損，最終的結果也可能是虧損，這也是大多數投資者經常遇到的困難；小賺大虧，多筆獲利填不平一筆虧損。

陷入這種被動局面，一方面與投資者獲利時過早離場、擔心利潤回吐的恐慌心理有關，一方面源於倉位調度的不合理。對於第一種情況，可以透過累積實戰經驗及遵守實戰紀律來避免。獲利時，要心態正確，嚴格依據買賣訊號進行交易。

對於第二種情況，則需要設計一個合理的倉位調度方法，這也是成功交易系統不可缺少的重要一環。

合理倉位調度方法並不是千篇一律，但一定具有很好的「合理性」。例如，對於趨勢投資者而言，合理的倉位調度方法，應該是獲利時加倉，且加倉數量應小於上一次建倉點，因為這是順勢加倉。如果採取下跌補倉的方法，則屬逆勢加倉，一旦趨勢不能反轉，將會重倉迎接下跌行情，潛在的風險顯然大於預期獲利。

對於短線交易來說，合理的的倉位調度方法應該是輕倉參與，不應是重倉出擊。因為短線交易的風險往往更大。如果採取重倉出擊，顯然只看到機會而忽略風險，一旦預判錯誤，很有可能會出現大幅虧損。

當然，倉位調度方法多種多樣，不僅要考慮當時的市場環境，也要考慮投資者的交易風格、盈虧預期。它不是墨守成規、一成不變，投資者應結合自己的交易目標、交易水準、交易風格，經過綜合考慮後加以設定。

趨勢分析是技術分析的重要組成部分，中長線交易以趨勢為核心，短線交易也要參考趨勢。一筆交易的成功率，與市場及個股的趨勢運行狀態息息相關。

不瞭解趨勢，不懂得正確分析趨勢，交易成功率就會大大降低，且交易風險將增大。

前面的章節講解趨勢運行規律，並且結合均線、趨勢線等工具，闡述基本的趨勢分析方法。本章將繼續深入，講解如何利用MACD分析趨勢、把握趨勢。

# 第 4 章

# 觀察 0 軸、背離及盤整，抓買賣點賺足價差

# 4-1 從 MACD 與 0 軸的相對位置，辨識市場和個股漲跌

透過MACD指標線與0軸的整體位置關係，可以辨識市場或個股當前處於什麼樣的趨勢狀態之中，是上升趨勢還是下跌趨勢。一般來說，只要這種整體性的位置關係沒有出現明顯改變，而且個股短期內未出現幅度較大的漲跌走勢，此時應當順勢交易，不宜主觀臆斷趨勢的頂部與底部。

## 趨勢向上運行於 0 軸之上

當市場或個股處於上升趨勢時，MACD指標線（包括DIFF線及DEA線）會穩健地運行於0軸上方。這種整體性的相對位置關係，是多方力量處於主導地位，也是上升趨勢仍將持續的訊號。只要這種位置關係不被打破，應以上升趨勢的交易策略進行操作，例如長線持股、回檔逢低買進等。

圖4-1是双匯發展2019年9月至2020年6月走勢圖。期間的MACD指標線，幾乎一直穩健地運行於0軸上方，這是個股一直處於上升趨勢的標誌。實盤操作中，對於這類有業績支撐、估值區間合理且處於明確上升趨勢狀態的個股，可以採取逢低買進的交易策略。

只要MACD指標線與0軸之間的整體性位置關係，未發生明顯變化，就可以耐心持有。

圖4-1　双匯發展 2019 年 9 月至 2020 年 6 月走勢圖

## 趨勢向下運行於0軸之下

當市場或個股處於下跌趨勢時，MACD指標線（包括DIFF線及DEA線）會持續運行於0軸下方，這種整體性的相對位置關係是空方力量處於主導地位，也是跌勢仍將持續的訊號。

只要這種位置關係不被打破，應以下跌趨勢的交易策略進行操作，例如持幣觀望、反彈賣出等。

下頁圖4-2是杭鋼股份2017年10月至2018年11月走勢圖。該股的震盪下跌節奏相對緩慢，由於在震盪過程中不斷創新低，而且隨後能快速回穩，投資者很容易有抄底進場的傾向。這時候，如果能夠仔細觀察MACD指標線的運行型態，就能規避這種逆勢交易行為。

MACD指標線持續運行於0軸下方，並沒有因價格走勢的階段回穩而改變與0軸之間的位置關係，說明個股當前處於穩定、持續的下跌趨勢中。此時的抄底行為，顯然屬於主觀臆斷底部的逆勢交易行為。

圖4-2 杭鋼股份 2017 年 10 月至 2018 年 11 月走勢圖

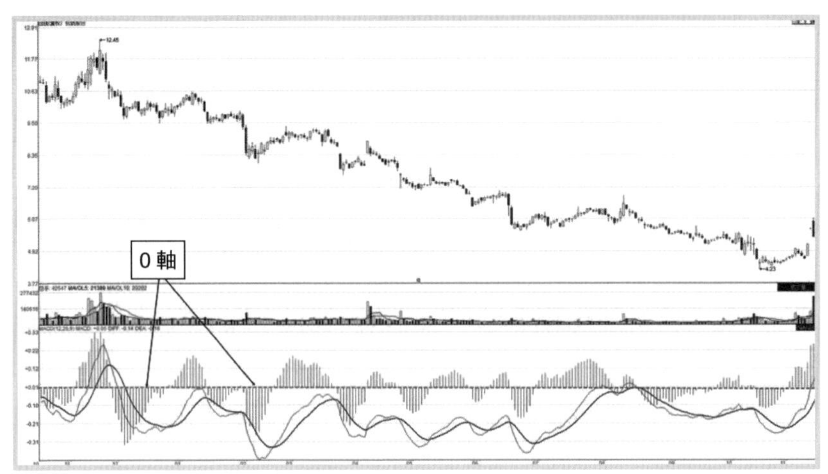


## 回檔跌破 0 軸的短暫性

一般來說，上升趨勢是相對漫長的過程，不會一波漲到頂。在震盪上漲的過程中，MACD指標線可能因次級回檔走勢，而向下跌破0軸。但是，只要多空力量對比和趨勢狀態沒有發生根本轉變，這種跌破0軸的情況將很難持續，MACD指標線也會因之後的價格上漲，而再度升至0軸上方。

換個角度來講，如果MACD指標線之後無法升至0軸上方，而是長時間停留在0軸下方，受到0軸的強力壓制，則往往是多空力量轉變的訊號。

此時，應當結合個股的累計漲幅、市場環境、估值狀態等因素，來綜合分析漲勢是否已見頂，進而實施頂部區的交易策略。

圖4-3是萬華化學2019年1月至2020年2月走勢圖。該股由於前期累計漲幅較大，這一波深幅回檔，導致MACD指標線跌至0軸下方，但隨

圖4-3　萬華化學2019年1月至2020年2月走勢圖

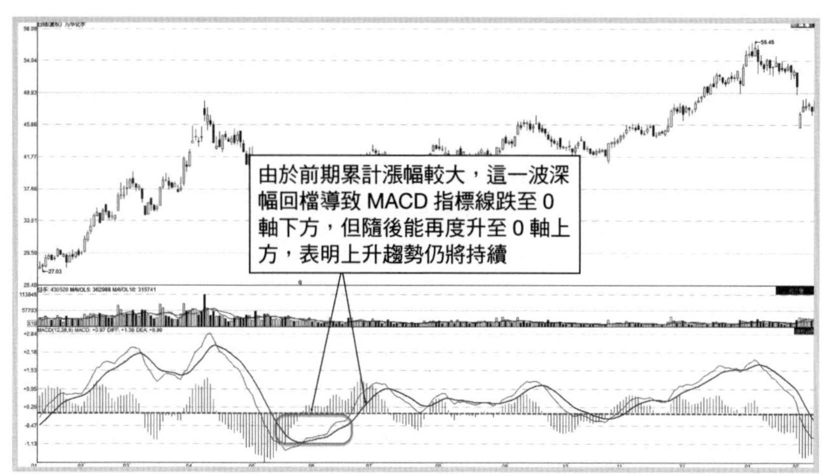


後能再度升至0軸上方，表明漲勢仍將持續。

## 反彈躍升0軸的短暫性

下跌趨勢往往也是一個震盪反覆的過程，持續時間較長。在震盪下跌的過程中，MACD指標線因次級反彈走勢向上突破0軸，但只要多空力量對比及趨勢狀態未發生根本轉變，這種突破0軸的情況很難持續，MACD指標線也會因價格之後的下跌，而再度跌至0軸下方。

如果MACD指標線隨後未能跌至0軸下方，而是長時間停留在0軸上方，受到0軸的強力支撐，這往往是多空力量轉變的訊號。此時，應結合個股的累計跌幅、市場環境、估值狀態等因素，來綜合分析跌勢是否已見底，進而實施底部區的交易策略。

下頁圖4-4是旭光電子2017年4月至2018年10月走勢圖。MACD指標線一直運行在0軸下方，這是跌勢持續推進的標誌。但是，在下跌過程

圖4-4 旭光電子 2017 年 4 月至 2018 年 10 月走勢圖

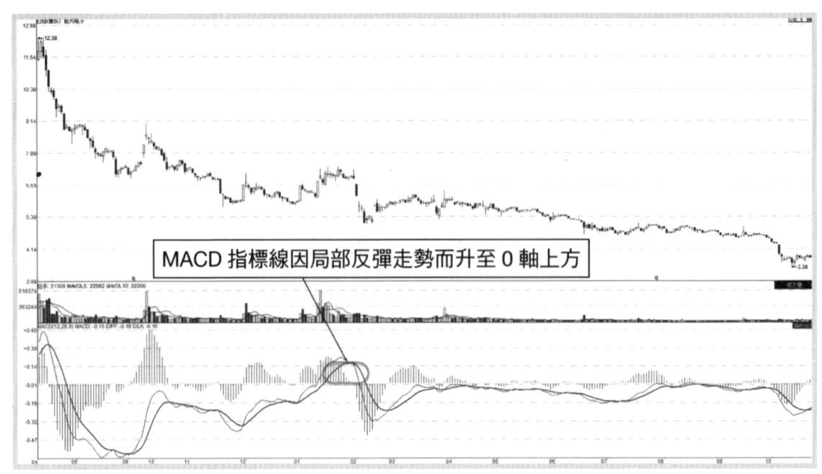


中，該股出現階段性的回穩及反彈走勢，使得MACD指標線不斷上漲並升至0軸上方，但停留於0軸上方的時間很短。

這表示此階段的回穩上漲只是局部反彈，沒有改變多空力量對比結果，趨勢運行狀態也隨著MACD指標線的再度跌至0軸下方，而轉入明確的下跌趨勢。

# 4-2 漲跌幅較大的區域，是整理平台還是反轉的頂與底？

在累計漲幅或跌幅較大的位置區，個股因為多空力量趨於平衡，而出現震盪回穩，或者原有的趨勢推進速度明顯放緩。像這樣的「極端」位置區，究竟是原有趨勢運行途中的整理平台，還是趨勢將要反轉的頂與底？利用MACD指標線與0軸之間位置狀態的改變，或許可以得出結論。

## 低位躍至0軸上方

在市場或個股累計跌幅較大的位置區，如果MACD指標線由低位躍升至0軸上方，且長時間運行於0軸之上，或是在短暫回檔至0軸下方後，再度快速返回0軸之上，這兩種情況是多空力量對比格局發生改變的標誌。

這預示當前的位置區為中長期底部的機率較大，在實盤操作時，可以逢震盪低點買進佈局。

下頁圖4-5是中視傳媒2018年5月至2019年2月走勢圖。該股在中長期下跌後的低位區出現回升，隨後是橫向震盪回穩的走勢格局。MACD指標線穩健運行於0軸上方，期間雖然因震盪回檔而跌破0軸，但是時間很短。

在長時間的震盪回穩過程中，0軸對MACD指標線形成有力的支撐，這是個股築底、趨勢有望反轉向上的訊號，應逢低買進佈局。

圖4-5 中視傳媒 2018 年 5 月至 2019 年 2 月走勢圖

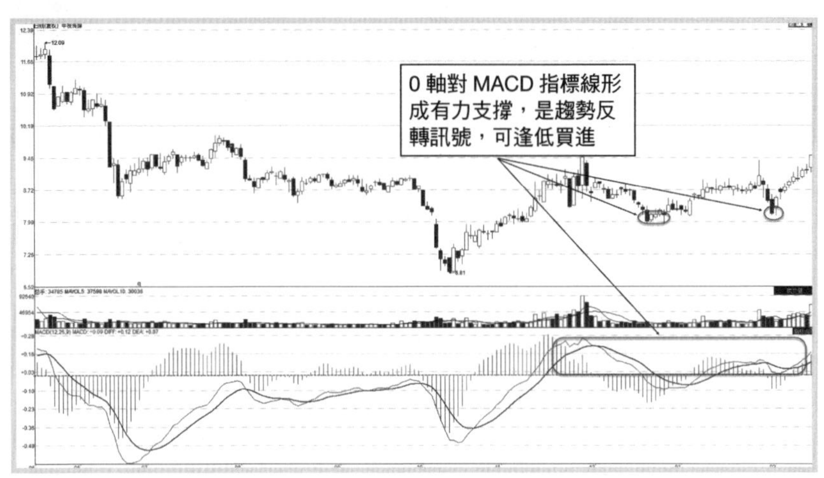


## 高位躍至 0 軸下方

在市場或個股累計漲幅較大的位置區，如果MACD指標線由高位跌至0軸下方，且長時間停留在0軸之下，或是在短暫反彈至0軸上方後，再度跌至0軸之下，這兩種情況是多空力量對比格局發生改變的標誌。

這預示當前的位置區為中長期頂部的機率較大，在實盤操作時，宜在震盪反彈時賣股離場。

圖4-6是鵬輝能源2017年10月至2018年11月走勢圖。高位區的一波下跌，使MACD指標線跌至0軸下方且持續時間較長，表明空方力量已整體性佔優勢。這是趨勢可能轉向下行的訊號，對於中長線持股者來說，應在反彈時賣出。

## 圖4-6　鵬輝能源 2017 年 10 月至 2018 年 11 月走勢圖

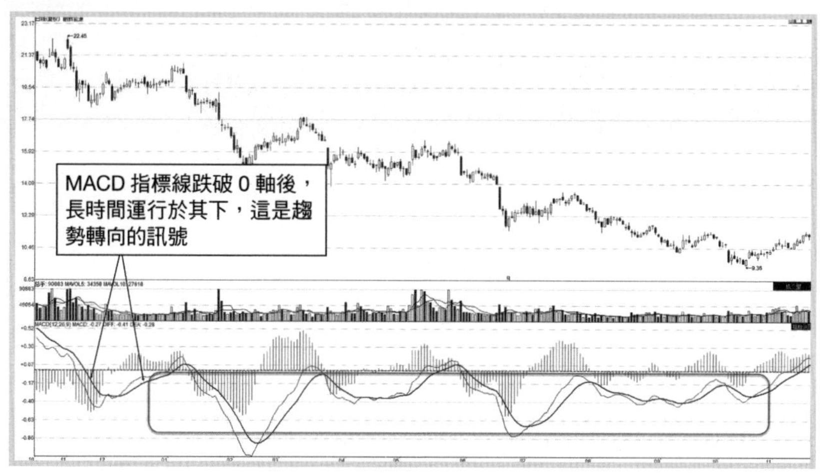

# 4-3 留意指標線的 3 種背離型態，捕捉頂部區和底部區

背離是指價格走勢與MACD指標線運行出現明顯的偏差。一般來說，價格的上漲或下跌應有MACD指標線的同步運行配合，這是多方力量或空方力量充足的標誌。

如果價格走勢與MACD指標線型態的背離特徵鮮明，價格又處於典型的高位區或低位區，往往是趨勢轉向的訊號。

本節將結合幾種常見的MACD指標線背離型態，說明它是如何幫助投資者捕捉頂部區與底部區。

## 震盪創新高時的頂背離

個股在強勢上漲時，價格與MACD指標線同步創新高，經歷回檔或震盪後，再度出現創新高的一波上漲。此時，MACD指標值明顯低於前一波峰值，這是創新走高趨勢中出現的MACD指標頂背離型態。表明上漲動力已經不足，趨勢見頂反轉的機率在增加。

圖4-7是山西證券2019年1月至4月走勢圖。該股經歷高位區的橫向整理後，再度強勢突破，但在價格創新高的過程中，MACD指標值卻明顯低於之前的峰值，這種頂背離型態是趨勢反轉的訊號之一。

圖4-7　山西證券 2019 年 1 月至 4 月走勢圖

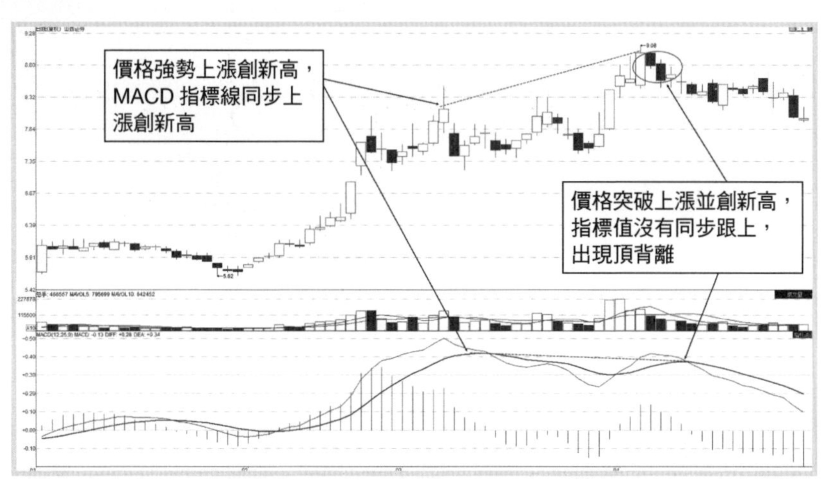


## 震盪緩升時的頂背離

震盪緩升時的頂背離型態是指，雖然個股整體呈橫向震盪走勢，但股價重心呈上移狀態，震盪中的峰值不斷上移，同期的MACD指標線峰值卻不斷下移。

這種背離組合出現在相對高位區，往往是個股突破動力不足的標誌，而震盪又是方向選擇的一個階段。隨後出現向下跌破的機率較大，應注意規避風險。

下頁圖4-8是智云股份2017年6月至2018年2月走勢圖。該股在震盪過程中出現一定的價格重心上移，一峰高於一峰，但是MACD指標線一峰低於一峰，價格震盪方式與指標線相背離，結合價格正處於中期高位區，因此這種震盪緩升時的MACD指標線頂背離型態，預示中期頂部可能會出現，持股者宜逢高減倉，規避跌破下行的風險。

圖4-8　智云股份 2017 年 6 月至 2018 年 2 月走勢圖

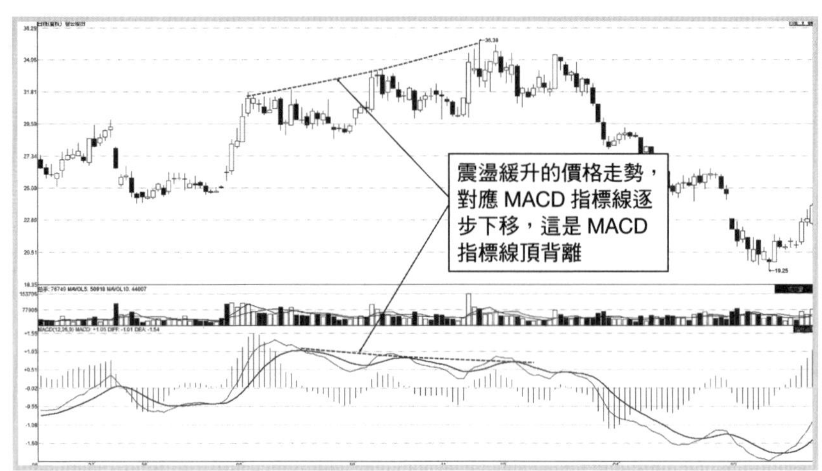


## 震盪創新低時的底背離

在持續下跌之後的低位區，價格走勢仍在震盪中創新低，但同期的MACD指標線在震盪攀升，向上靠攏0軸。這是震盪新低走勢中的底背離型態，預示下跌趨勢將要結束。

一般來說，在MACD指標線經歷第二次底抬升後，價格走勢處於中短期低點，而MACD指標線則明顯向上靠攏0軸。一旦出現短期回穩走勢，往往就是中長期的轉向點。

圖4-9是我樂家居2018年4月至2019年1月走勢圖。在該股累計跌幅較大的位置點，價格走勢震盪創新低，同期的MACD指標線震盪攀升、逐底抬高，價格走勢與MACD指標線型態出現背離。

結合個股累計跌幅與基本面來看，這是趨勢將反轉的訊號，應注意把握中長線進場時機。

## 圖4-9　我樂家居 2018 年 4 月至 2019 年 1 月走勢圖

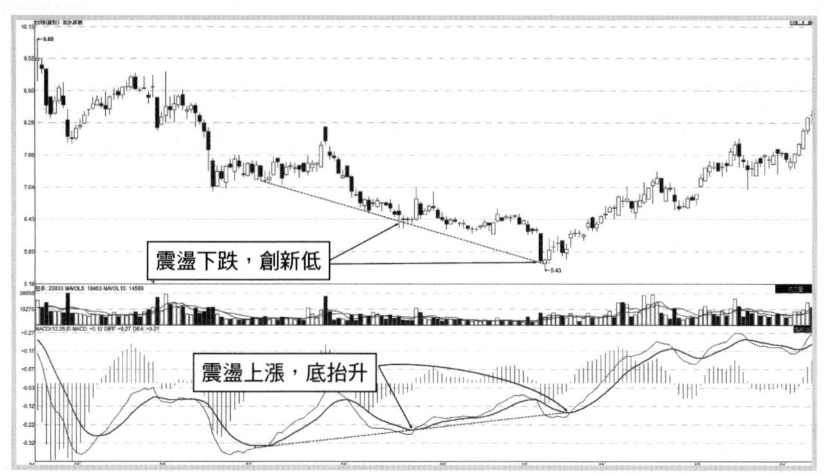

# 4-4 盤整後會突破上攻或跌破向下？用 5 種型態來判斷

較長時間的橫向整理之後，多空力量對比格局發生轉變。多空力量處於相對均衡狀態，但這種均衡只是暫時的，隨著多方或空方的發力，趨勢運行方向將再度面臨選擇。那麼，盤整後的趨勢走向是突破上攻，還是跌破向下？

除了觀察價格走勢特徵之外，我們還可以結合一些典型的MACD指標型態來判斷，它們能夠呈現盤整後的趨勢方向。本節講解這些典型的MACD指標型態。

## 突破伴隨紅柱線放出

在長期橫向震盪過程中，MACD指標線會圍繞0軸上下波動，且波動幅度趨小，這是多空力量開始趨於平衡的標誌。

若此時出現向上突破走勢或是一波較為強勢的震盪上漲，且伴隨MACD指標中的紅柱線連續放出，這是多方力量充足、突破行情持續增強的標誌，也是新一輪上攻行情或將展開的訊號。

實盤操作中，如果短線突破過程中的漲幅較大，可以在回檔時做多；如果漲幅較小，則可以順勢追漲。

圖4-10是匯頂科技2018年8月至2019年3月走勢圖。在一波強勢上漲至震盪區上沿的走勢中，可以看到MACD指標的紅柱線明顯變長，且連續放出，這是行情將選擇向上的訊號。此時應結合個股走勢特點，積極

圖4-10　匯頂科技2018年8月至2019年3月走勢圖

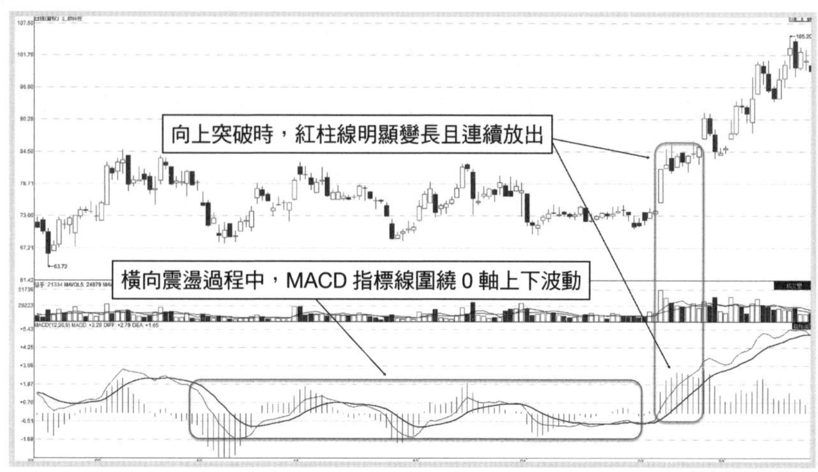


順勢做多。

## 游移於0軸的向上大波浪

MACD指標線游移於0軸附近，是指DIFF線與DEA線長時間徘徊於0軸附近，可以在0軸上方，可以位於其下方，也可以圍繞0軸上下小幅度波動。MACD指標線游移於0軸附近的型態特徵，是多空力量較長時間趨於平衡的標誌。

在MACD指標線游移於0軸附近的情況下，如果指標線隨後出現一個向上的大波浪（即MACD指標線先是大幅上漲，隨後大幅回檔），這是多方力量開始主動推升的訊號。但是，由於之前的長期盤整行情，市場分歧較大，因此出現較大幅度的回檔。

一般來說，在指標線（主要指DEA線）回檔時，若能在0軸上方受到支撐，則表示多方力量依舊總體佔優勢，短期回檔釋放獲利賣壓後，

圖4-11 富翰微 2019 年 4 月至 9 月走勢圖

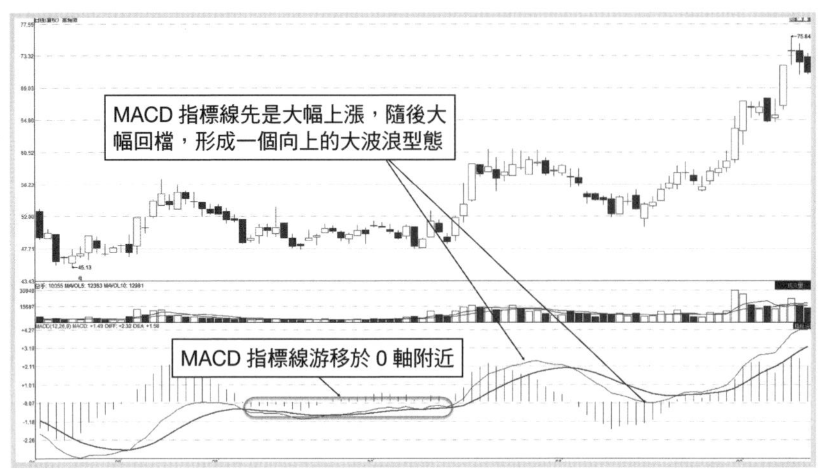


上漲行情有望展開。

圖4-11是富翰微2019年4月至9月走勢圖。在MACD指標線長時間游移於0軸附近之後，先是大幅上漲，隨後大幅回檔，形成一個向上的大波浪型態，這是多方力量開始發動攻勢的標誌。

對該股來說，當DIFF線回檔至0軸附近獲得支撐，此時的短線回檔幅度較大，且價格處於前期震盪區的中線位置點，可以進行中短線買股操作策略。

MACD指標線游移於0軸附近後，形成的大波浪型態越明顯（即向上的波動幅度及隨後的回檔幅度越大），後期的上升空間往往越大。實盤操作時，在基本面配合的前提下，可以實施積極的中線佈局策略。

圖4-12是晶方科技2019年5月至10月走勢圖。MACD指標線起初在貼近0軸的下方運行，此時的多空力量較為均衡。隨後，該股股價強勢上漲、大幅回檔，MACD指標線也跟隨出現鮮明的大波浪型態。

當DEA線回檔至0軸附近時，得到較強支撐，該股的基本面又較為

圖4-12　晶方科技 2019 年 5 月至 10 月走勢圖

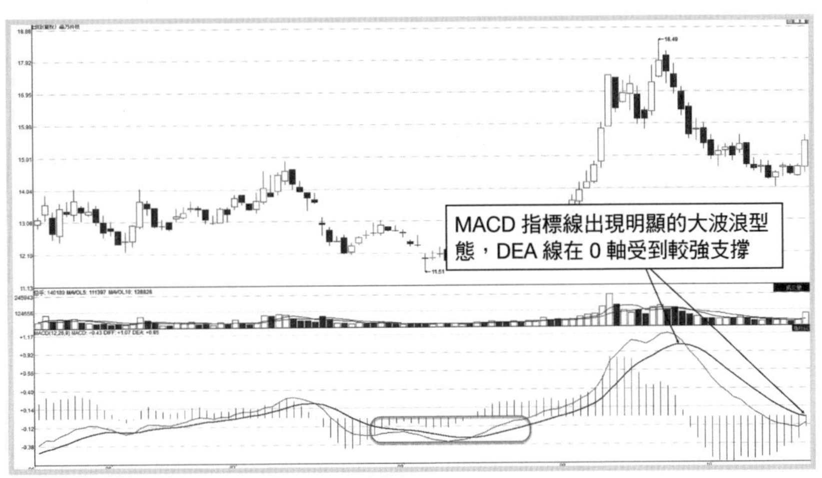


優秀，在技術面與基本面配合下，就是很好的中線買進時機。

MACD指標線游移於0軸附近後，形成的向上大波浪，不一定代表行情的方向向上，特別是對於那些基本面較差的個股。MACD指標線的向上大波浪型態，往往只代表著一波強勢反彈，而非趨勢的方向。

一般來說，如果個股在出現MACD指標線的這種型態後，在隨後的價格回檔過程中，DEA線向下跌破0軸，此時不宜逢低買進，應注意規避新一輪跌破下行的風險。

下頁圖4-13是金杯電工2017年4月至11月走勢圖。MACD指標線先是游移於0軸附近，隨後出現向上的大波浪型態。在價格持續回檔過程中，可以看到DEA線向下跌破0軸，這表明空方力量又一次佔據上風，此時不宜逢低買進。

圖4-13 金杯電工 2017 年 4 月至 11 月走勢圖

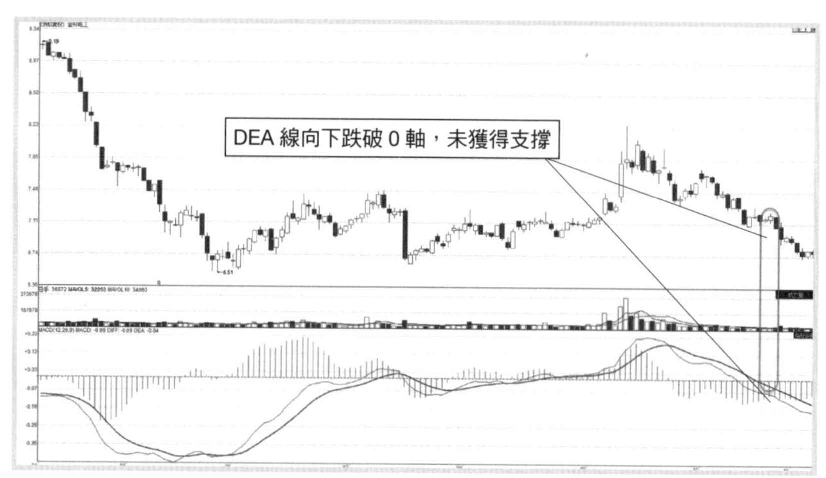


## 游移於 0 軸附近後的向下大波浪

在MACD指標線游移於0軸附近的情況下，如果指標線隨後出現一個向下的大波浪（即指標線先是大幅下跌，隨後大幅回升），這是空方力量開始主動進攻的訊號。因之前的長期盤整行情，抄底盤的投資者進場，使行情出現較大幅度的回升。

一般來說，當指標線（主要指DEA線）回升時，若在0軸下方遇到壓力，或只是短暫回升至0軸上方，表示空方力量依舊總體佔優勢，短期的回升也只是一波反彈，隨後趨勢向下的機率較大，特別是在價格處於中長期高位區間時。

圖4-14是浙江廣廈2017年5月至2018年3月走勢圖。該股長時間的橫向震盪走勢，使得MACD指標線靠攏並長時間停留於0軸附近。隨後，價格走勢跌破下行，MACD指標線出現向下的大波浪型態，這表明空方力量佔據主導地位，趨勢下行態勢明朗。隨後的反彈造成MACD指標線

圖4-14　浙江廣廈 2017 年 5 月至 2018 年 3 月走勢圖

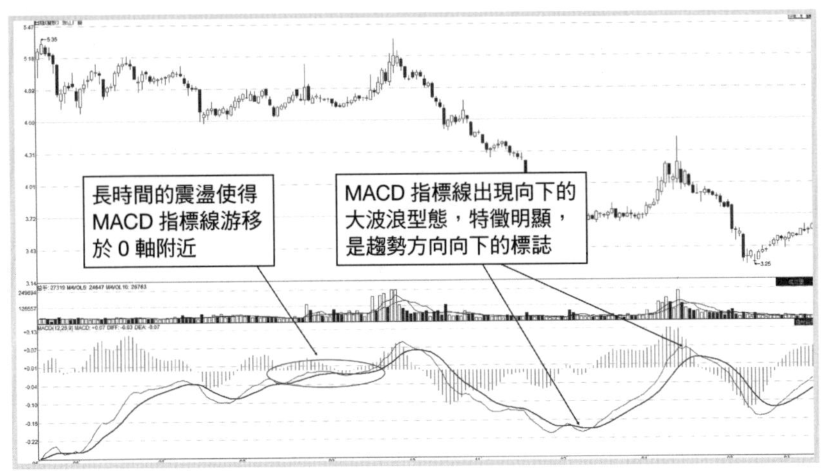


短暫突破0軸，這也是一次反彈賣出時機。

## 正弦波震盪回檔

正弦，是一個數學名詞，正弦函數可以表示為幾何圖像，下頁圖4-15為標準的正弦函數圖示意。在觀察MACD指標線（這裡以平滑的DEA線來代表）運行型態時，可以發現這種型態常見於相對低位區的震盪走勢中，它往往預示隨後的行情發展方向——突破向上。

下頁圖4-16是南極電商2019年9月至2020年3月走勢圖。該股在相對低位區震盪過程中，MACD指標線出現正弦波的型態特徵。當正弦波型態構築完成時，也是多方力量由弱轉強時，價格處於震盪區的相對低位。這在短期內是一個強支撐點，中期內有可能成為新一輪上攻行情的啟動點，是較好的進場時機。

圖4-15 標準正弦函數圖像

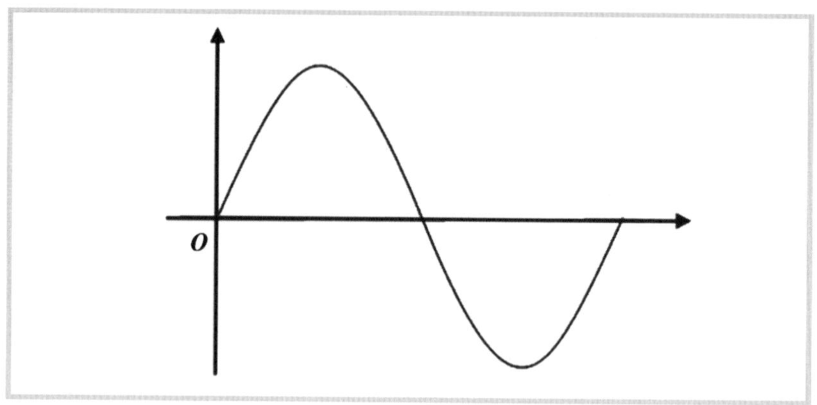


圖4-16 南極電商 2019 年 9 月至 2020 年 3 月走勢圖

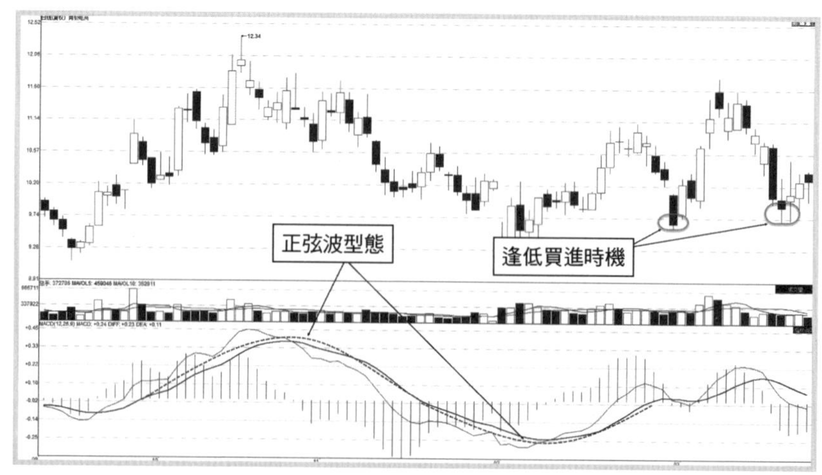

圖4-17　永吉股份 2018 年 11 月至 2019 年 6 月走勢圖

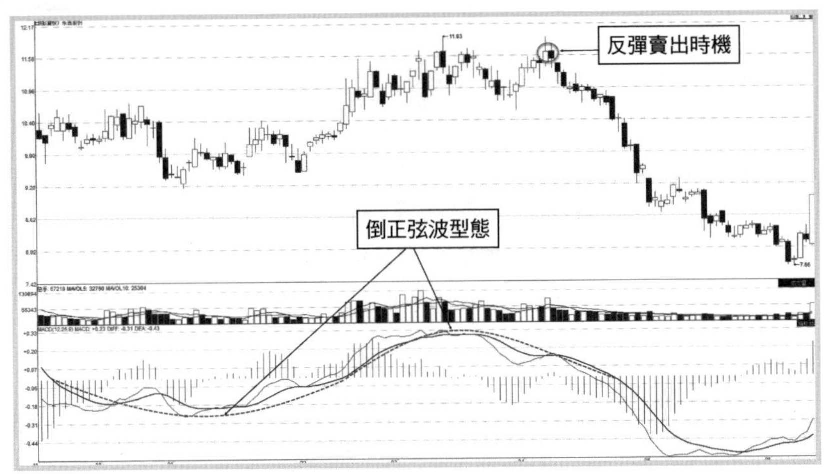


## 倒正弦波震盪反彈

倒正弦波是將正弦波180度旋轉後的型態，與正弦波正好相反，兩者的市場含義也相反。MACD指標線的倒正弦波型態，經常出現在高位區的震盪整理走勢中，是空方力量由弱轉弱、行情將跌破下行的訊號。

圖4-17是永吉股份2018年11月至2019年6月走勢圖。在相對高位區，MACD指標線出現倒正弦波型態，預示隨後的趨勢運行方向將向下。實盤操作中，應逢震盪反彈時賣股離場。

K線與成交量是最基本的兩種技術分析指標，也是實用性最強、用途最廣的型態分析技術指標。MACD指標所發出的多空訊號，即使不需要K線與量能型態來輔助驗證，也要保證不會出現反向訊號。

對於K線與成交量這兩種分析指標來說，K線代表著價格走勢，是最初的盤面資料，而成交量要以K線型態為背景，是在K線基礎上的更進一步指標。

本章先講解經典的K線型態分析技術，再關注量能型態，幫助讀者打好技術分析的基礎。

# 第 5 章

# 運用 K 線型態與量價分析，大幅提高勝率

# 5-1 用單根 K 線的 3 種型態，把握短期波段高低點

在短線交易中，最重要的單根K線型態為長影線，它有長上影線、長下影線、長上下影線三種型態。結合局部價格走勢，這些影線型態能清晰展示多空力量的快速變化，有效幫助我們把握階段高低點。

## 影線解讀方法：關注長短

影線會反映多空雙方的盤中交鋒過程和最終交鋒結果。在解讀影線型態時，首先要重點關注影線的長短。一般來說，影線的長度代表的振幅不宜小於2%，且影線長度要明顯長於實體（陽線實體或陰線實體），這樣的影線型態才能較為準確地反映多空力量的變化，且具有實戰價值。

其次，在運用影線時，要結合局部價格走勢。在箱體區域中的震盪行情下，由於多空力量處於明確的均衡狀態，多空雙方交鋒形成的影線具有一定的偶然性，實戰性並不突出。

只有當價格處於典型的位置時，例如快速上漲後的階段高點、快速下跌後的階段低點、橫向震盪後的向上突破點或向下跌破點，出現的影線型態才能較好地反映多空力量對比的變化，進而提示短期內的價格波動方向。

最後，在藉由影線型態進行分析時，要適當關注當日的成交量。由於影線反映多空雙方盤中較為劇烈的交鋒過程，所以需有放量支撐。如

果當日成交量未見明顯放大，甚至出現相對的縮量或平量狀態，則此影線的指示性不強，在實盤操作中，更應結合趨勢來判斷中短線走向。

在使用影線時，最好能結合價格走勢來分析。上影線雖表明多方曾於盤中發動攻擊，但是也說明多方進攻未果，市場逢高賣壓沉重。在一波漲勢的高點位置，由於市場獲利賣壓較重，此時出現的上影線就是較為可靠的回檔訊號。

下影線雖表明空方曾於盤中發動攻擊，但是它更多地說明多方承接有力。在一波跌勢的低點位置，由於市場抄底動力較強，此時出現的下影線往往就是行情反彈訊號。

此外，也應關注影線當日的收陰、收陽情況。一般來說，上影陰線所預示的短線下跌，走勢更強烈，下影陽線所預示的短線反彈，走勢更強烈。

對於初學者來說，可以簡單記住以下兩種組合：

1. 一波上漲後的高點＋長上影線，這種組合是短線下跌訊號，應注意規避高點風險。

2. 一波下跌後的低點＋長下影線，這種組合是短線上漲訊號，應注意把握反彈機會。

## 長上影線型態：回檔走勢訊號

長上影線型態是指上影線明顯長於實體，且當日盤中振幅較大（不小於5%）的單根K線型態。長上影線標誌著多方上攻遇阻、空方逢高賣壓明顯增強，是一波回檔走勢或將展開的訊號。

一般來說，上影線型態越鮮明（即影線越長）、短線漲幅越大，隨後的回檔幅度越大、速度越快，且上影陰線的短線下跌力道一般要強於上影陽線。

下頁圖5-1是科達利2019年12月至2020年3月走勢圖。該股在高位區出現橫向震盪走勢，在震盪後的向上突破位置區，一個鮮明的上影陰線

圖5-1 科達利 2019 年 12 月至 2020 年 3 月走勢圖

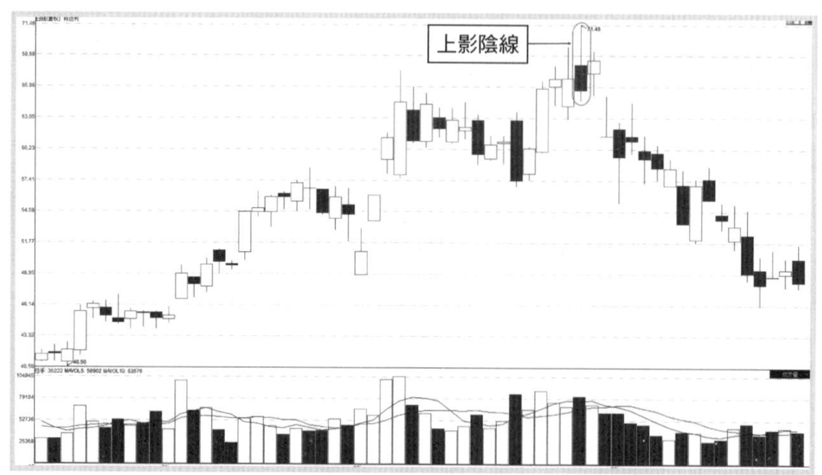


出現，這是突破遇阻、價格走勢可能將折返的訊號，此時宜清倉或減倉鎖定獲利。

圖5-2是國星光電2019年12月至2020年3月走勢圖。該股在一波強勢反彈上漲走勢中出現上影陽線，雖然當日收於陽線，但影線長度突出，表明市場的逢高賣壓非常重，短線行情由漲轉跌的機率增加，此時宜逢高賣出。

實盤操作中，判斷長上影線是否預示短期內多空力量轉變時，可以從以下兩點著手。

## 1. 看影線的長度

若上影線明顯長於實體，則說明空方力量更強，是多空力量轉變的標誌；若上影線相應短於實體，則預示多方依舊佔據主動。只要個股短期內的上漲幅度不是很大，可以繼續觀察個股的後續表現，不必急於賣股離場。

圖5-2　國星光電2019年12月至2020年3月走勢圖

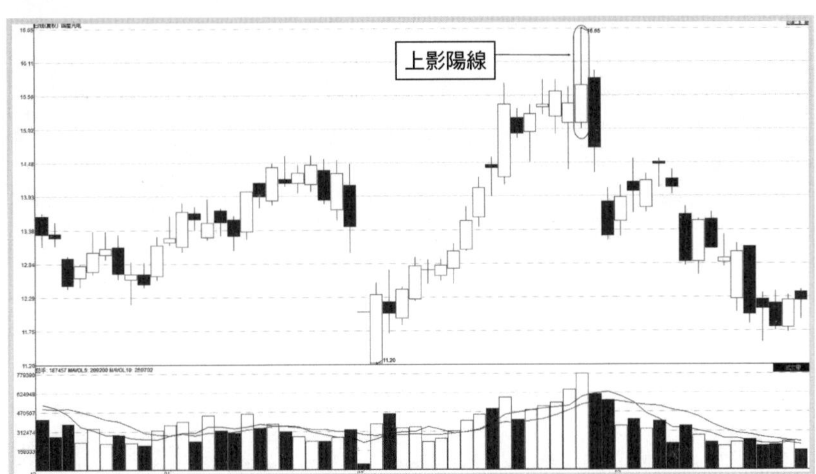


## 2. 看中短期走勢

從中短期走勢來看，中長期的高位區間或者短線漲幅較大時，上影線是價格走勢將要調頭的更準確訊號。

## 長下影線型態：反彈上漲走勢訊號

長下影線型態是指下影線明顯長於實體，且當日盤中振幅較大（不小於5%）的單根K線型態。長下影線標誌著空方拋售遇阻、多方逢低承接力道明顯增強，是一波反彈上漲走勢將展開的訊號。

一般來說，下影線型態越鮮明（即影線越長）、短線跌幅越大，隨後的反彈上漲幅度越大、速度越快，且下影陽線的短線反彈力道一般要強於下影陰線。

圖5-3是廣信材料2020年3月至6月走勢圖。該股在一波深幅下跌過

圖5-3 廣信材料 2020 年 3 月至 6 月走勢圖

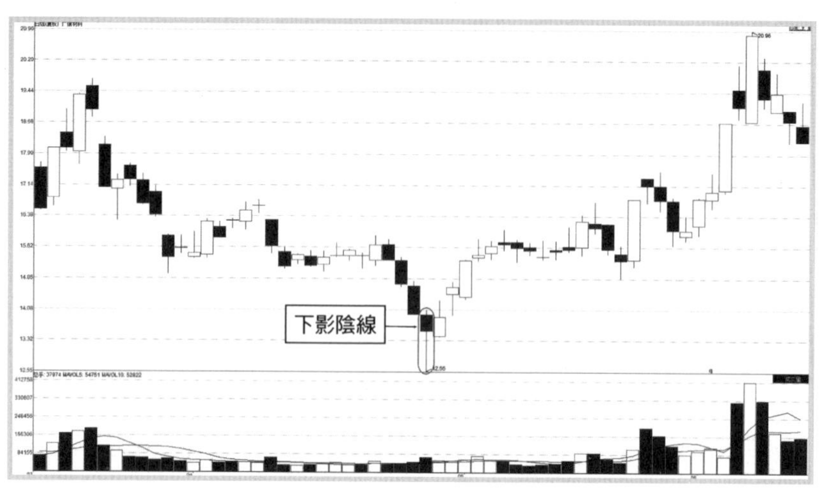


程中出現型態鮮明的長下影線，結合該股處於中長期低位區且短線跌幅較大的情況來看，這是抄底盤快速湧入的一個訊號。該股將出現一波強勢反彈上漲走勢，投資者可以在中短線適當地抄底進場。

## 二次確認反轉型態：多空力量改變

單根影線一般只能預示局部走勢的回檔或反彈，並不構成趨勢轉向訊號（除非出現中短線漲跌幅過大、速度過快的情況）。如果在相近的價位空間，兩次出現相似的影線型態，例如：高位震盪區兩次出現上影線，或是低位震盪區兩次出現下影線，可看作市場多空整體力量已經改變的訊號。

當前的位置區為頂部或底部的機率較大，應注意規避趨勢轉向下行，特別是急速轉向的風險，或是把握趨勢上行的機會。為了更理解影線分析技術中的二次確認反轉型態，下面結合兩個案例加以說明。

圖5-4　深賽格 2020 年 6 月至 9 月走勢圖

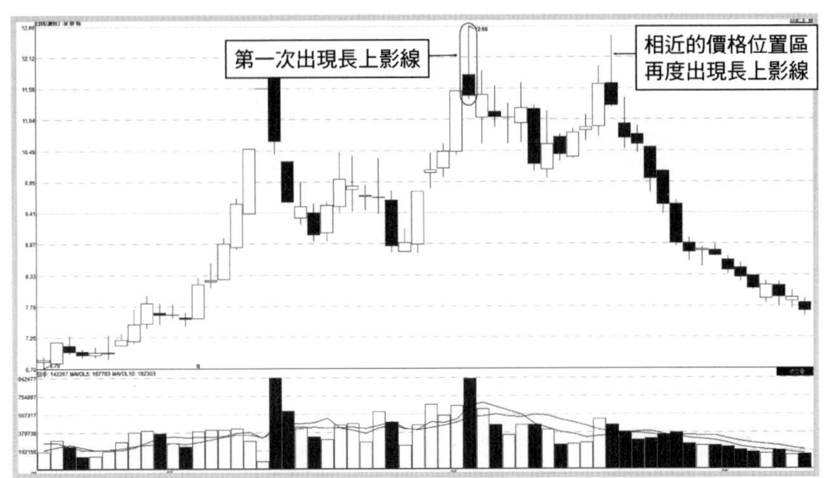


圖5-4是深賽格2020年6月至9月走勢圖。該股在高位區出現幅度較大的震盪走勢，第一次出現上影線時，預示局部的回檔走勢；再度於相近的價格位置區出現上影線時，不僅代表局部的下跌，還預示趨勢或將轉向下行。

對於中長線投資者來說，這是一個相對明顯的賣出訊號，特別是對於價格漲幅，遠遠快於業績增長所形成的高估值狀態的股票，此時不宜中長線持股。

下頁圖5-5是三全食品2020年2月至4月走勢圖。該股處於上升趨勢，整體型態良好，且在累計漲幅不大的位置點，兩次出現長下影線型態，表明震盪區的支撐力道很強，趨勢隨後再度向上推進的機率較大。操作中，可以在震盪區間適當加倉買進，或繼續耐心持股待漲。

圖5-5 三全食品 2020 年 2 月至 4 月走勢圖

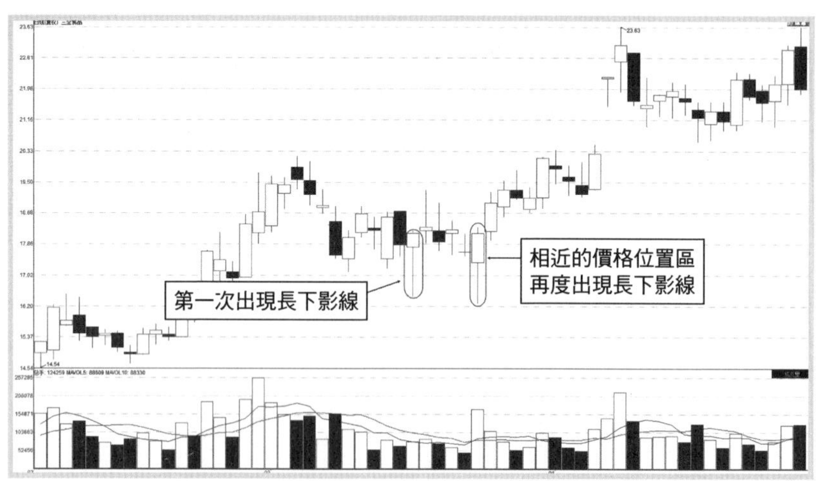


## 長上下影線型態：短期內跌深走勢

長上下影線型態常被稱為「螺旋槳」，它是指上下影線均較長，但實體相對較短的單根K線，當日的振幅至少要超過5%。這種型態常出現在一波快速上漲後的高點，是市場分歧明顯加劇的標誌。原有的多方力量在盤中遇到明顯的阻擋，預示短期內將出現跌深走勢。

當這種K線型態出現在快速上漲後的高點時，一般來說，當日的振幅越大、上下影線越長，隨後短線的下跌力道越強，個股在高位區停留的時間也越短。

圖5-6是鹽田港2020年6月至9月走勢圖。該股在一波快速上漲後的高點出現長上下影線的K線型態，這是多空分歧明顯加劇的訊號，也是短線走勢或將快速、深幅回檔的訊號。

圖5-6　鹽田港2020年6月至9月走勢圖

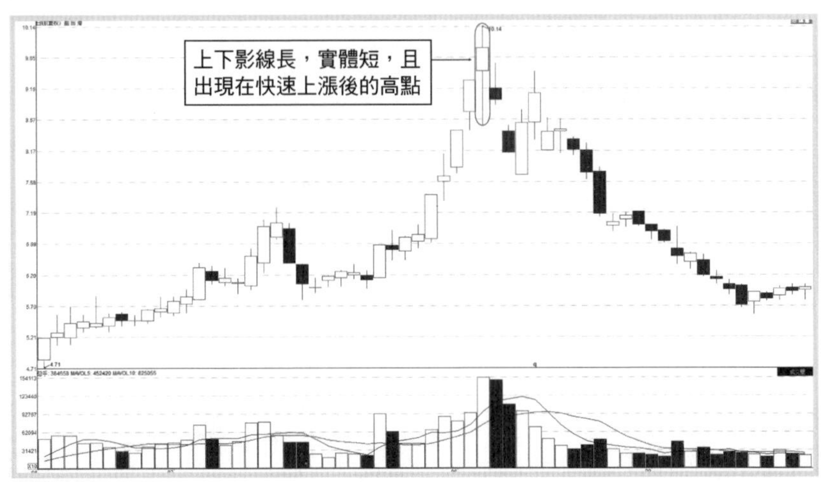


## 型態應用背景：結合個股局部走勢

在運用長上影線、長下影線進行短線交易時，一定要結合個股的局部走勢情況。只有當長上影線出現在一波上漲後的高點時，它才是較為可靠的回檔訊號。同理，只有長下影線出現在一波快速下跌後的低點時，才是可靠的反彈訊號。

當它們出現在其他位置，雖然蘊含漲跌訊息，但指示作用不強，需結合整體走勢及其他技術方法，進行綜合分析。

特別要注意的是，當長上影線出現在低點，或是長下影線出現在高點時，代表市場分歧的加劇，往往是價格走勢的短線轉向訊號。

下頁圖5-7是新萊應材2020年1月至4月走勢圖。圖中長下影陰線出現在中短期的高點，所蘊含的市場訊息就不是多方的盤中承接力強，而是市場分歧明顯加劇，且空方在盤中曾一度佔據明顯主導地位。結合價格走勢來看，這應該是短期整理訊號，應注意規避風險。

圖5-7 新萊應材 2020 年 1 月至 4 月走勢圖

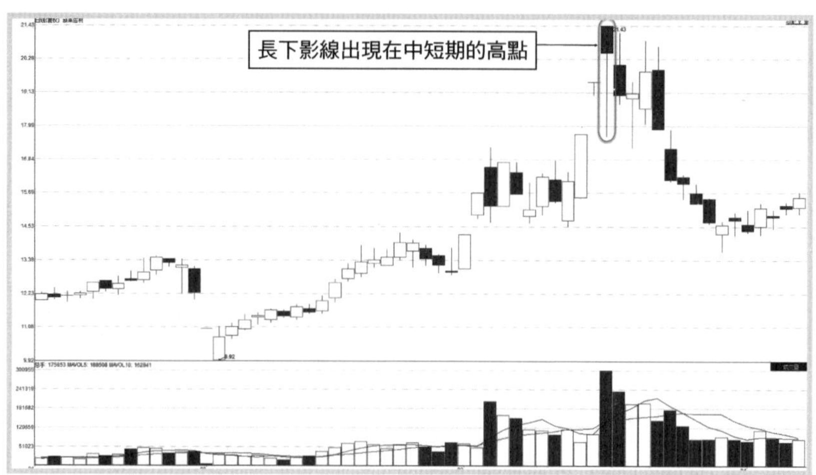

# 5-2 用雙根 K 線的 7 種組合，辨別漲跌、回檔、反轉……

針對單根K線，可以用其型態及價格走勢特徵做為分析依據，對於兩根K線（也稱雙日組合），則需結合這兩根K線的位置關係做為分析依據。

雙根K線有一些經典型態，預示市場是多方更強，還是空方佔優勢等訊息。本節分析如何從兩根K線之間的位置關係，瞭解市場情況。

## 雙根 K 線：第 2 根 K 線越往上，多方越強

在雙根K線中，第一根K線是參照，可以將這一根K線劃分出5個區域，如下頁圖5-8所示。第二根K線的位置越靠上，代表多方力量越強；反之，則表示空方力量越強。這是容易理解的，在越往上的區域，價位越高。

當第二根K線位置更靠近上方區域時，代表多方能夠有力推升價格，是多方力量較強的標誌之一。當第二根K線位置更靠近下方區域時，代表空方能夠有效地拉低價格，是空方力量較強的標誌之一。

瞭解第一根K線的區域劃分方式後，就可以畫出典型的多方佔優勢或空方佔優勢的雙根K線組合。

下頁圖5-9左側為典型的多方佔優勢的雙根K線組合圖。可以看出，就單獨型態而言，兩根K線均為陽線，陽線代表著多方力量佔優勢；就位置關係來說，第二根K線位於更靠近上方的區域，表示多方推升有

圖5-8 單根 K 線區域劃分圖

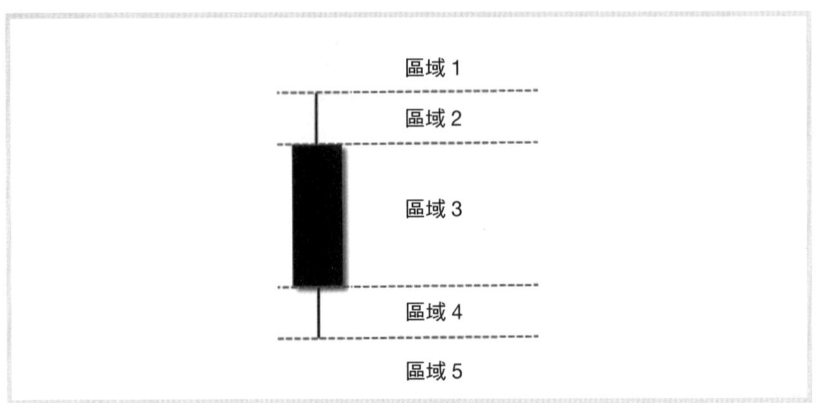


圖5-9 多方佔優勢與空方佔優勢典型雙根 K 線組合圖

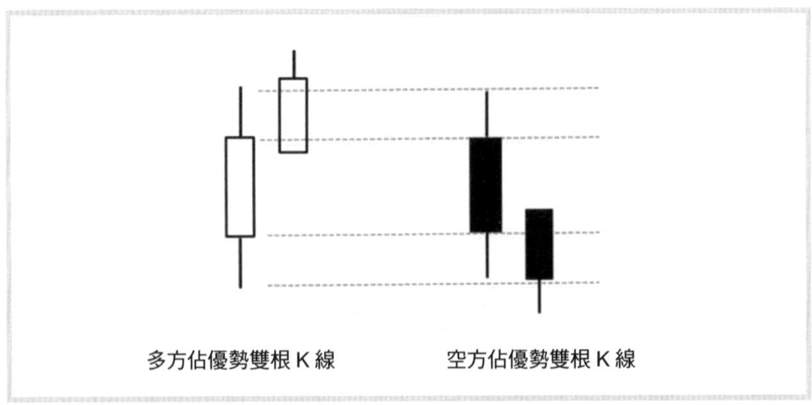

圖5-10　清新環境 2020 年 5 月至 8 月走勢圖

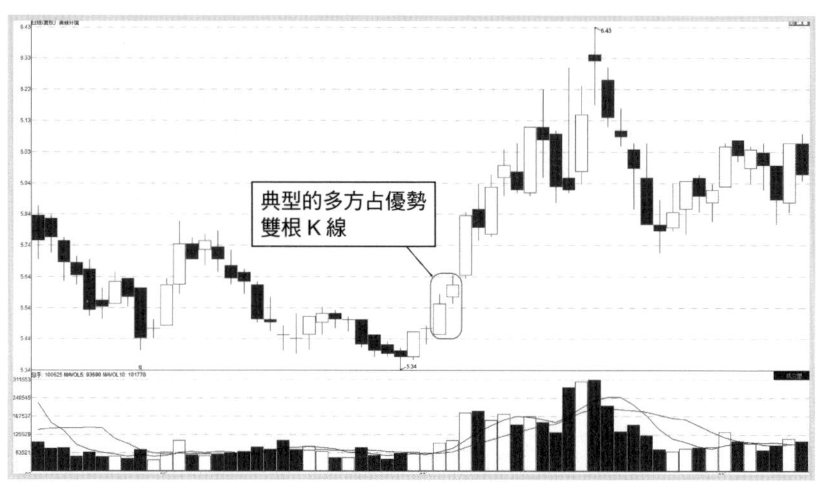


力，佔據主動。

在圖5-9右側為典型的空方佔優勢的雙根K線。兩根K線均為陰線，陰線代表著空方力量佔優勢，就位置關係來說，第二根K線位於更靠近下方的區域，表明空方佔據主動。

在使用雙根K線進行分析時，與單根K線分析相似，還應關注股價的局部走勢情況。當多方佔優勢的雙根K線出現在階段性低點時，預示的上漲更為準確；當空方佔優勢的雙根K線出現在階段性高點時，預示的下跌更為準確。以下結合一個案例加以說明。

圖5-10是清新環境2020年5月至8月走勢圖。由於出現一個典型的多方佔優勢的雙根K線，結合價格正處於一波上漲的啟動中，且位於低位震盪區間。可以把這個雙根K線看作多方力量佔優勢、短期上漲走勢有望延續的訊號。

圖5-11 巨化股份 2020 年 5 月至 7 月走勢圖

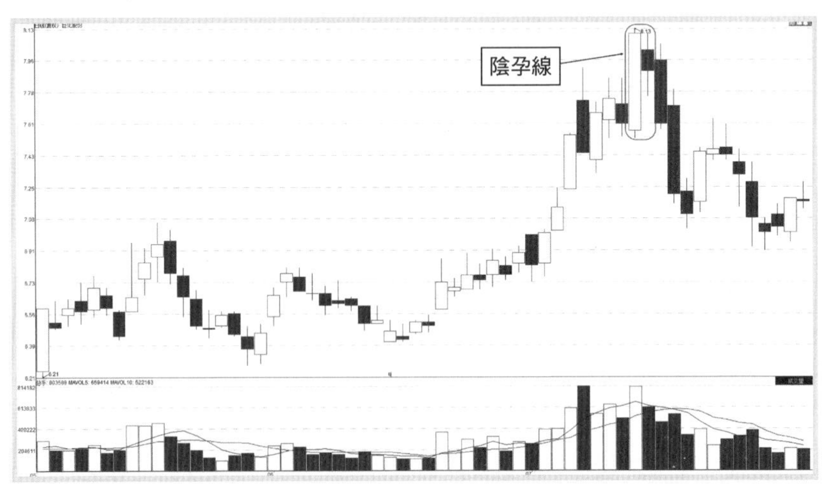


## 孕線組合：陽線前陰線後為高點回檔

孕線組合由前面一根長K線（實體較長）和後面一根短K線（實體較短）組合而成，後面短K線的最高價和最低價，分別低於和高於前面長K線的最高價、最低價。從型態上看，短K線猶如「孕」於長K線之中，因此稱為孕線。

孕線可以分兩類：陰孕線和陽孕線。陰孕線前面的長K線為陽線，後面的短K線為陰線，這種組合標誌著多方推升意願下降，空方力量有轉強趨向，主要用於判斷高點回檔行情。

陽孕線前面的長K線為陰線，後面的短K線為陽線，這種組合標誌著空方拋售力道減緩，多方力量有增強趨向，主要用於判斷低點反彈行情。

圖5-11是巨化股份2020年5月至7月走勢圖。在一波上漲後的高點出現陰孕線組合，左側陽線實體較長，次日是開低走低的小陰線，這表明

圖5-12　吉林森工 2020 年 5 月至 8 月走勢圖

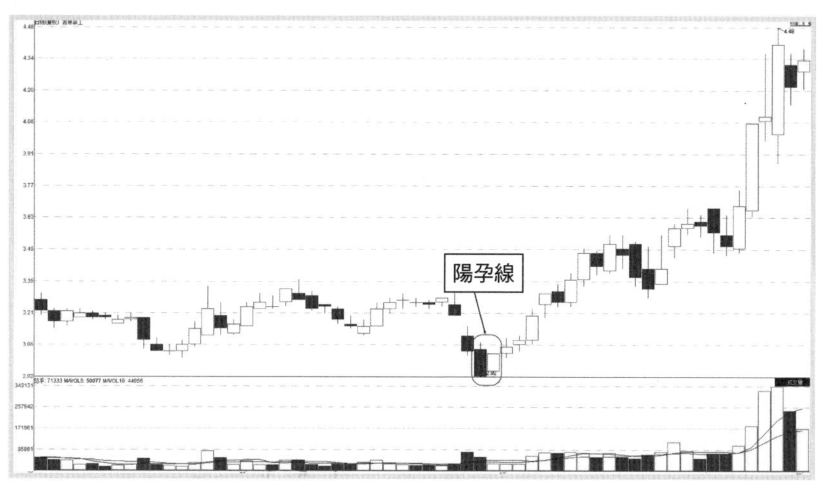


多方推升行為沒有得到延續，也是空方力量開始轉強的訊號，應注意規避價格回檔的風險。

圖5-12是吉林森工2020年5月至8月走勢圖。在低位盤整區的一波跌破走勢中，出現陽孕線。結合個股處於中短期低點來看，代表著多方力量轉強的陽孕線組合，將成為行情反轉的訊號，應注意把握中短線抄底機會。

## 吞沒形組合（抱線）：分為看漲與看跌

吞沒形組合也稱為抱線，它與孕線的排列順序正好相反，是前短後長的雙根K線。後面長K線的最高價高於前面短K線的最高價，後面長K線的最低價則低於前面短K線的最低價。從型態上來看，後面的長K線猶如將前面短K線「抱」入其中，因此稱為抱線。

抱線可以分為兩類看漲抱線（前陰後陽）與看跌抱線（前陽後

圖5-13　奇信股份 2020 年 6 月至 9 月走勢圖

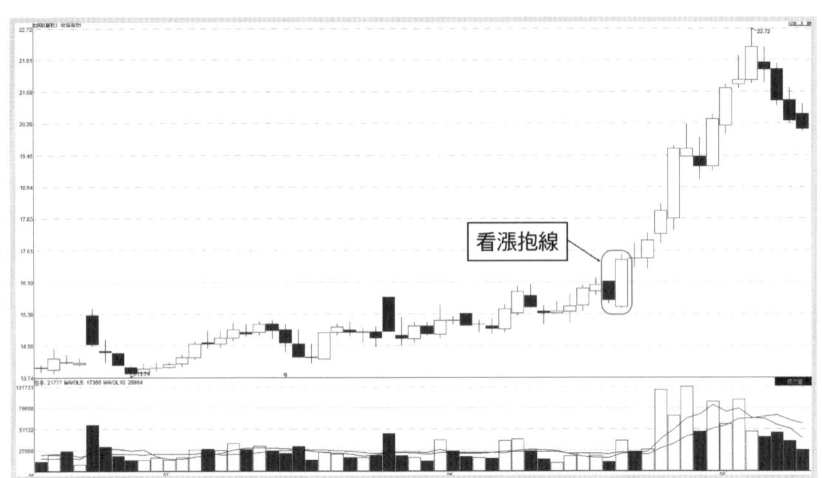


險）。相對於孕線，抱線是一種較為迅速的短線反轉型態。當低點出現看漲抱線時，陽吞陰的組合代表著多方力量在當日盤中快速轉強，並佔據優勢。

如果中短期的跌幅較大，則預示著一波強勢反彈行情或將出現。看跌抱線組合則正好相反，當其出現在高點時，應注意規避可能出現的深幅回檔風險。

圖5-13是奇信股份2020年6月至9月走勢圖。該股在相對低位區出現長期的窄幅整理，可看作方向選擇前的蓄勢。隨後，以看漲抱線組合實現型態上的突破，預示隨後可能會有一定的突破上升空間，操作上，宜採取短線買進策略。

圖5-14是陽光城2020年4月至7月走勢圖。該股在一波強勢上漲後的高點，出現「陰吞陽」的看跌抱線。預示空方力量快速增強，且多方上攻乏力，是短線回檔訊號，宜賣股離場。

圖5-14　陽光城2020年4月至7月走勢圖

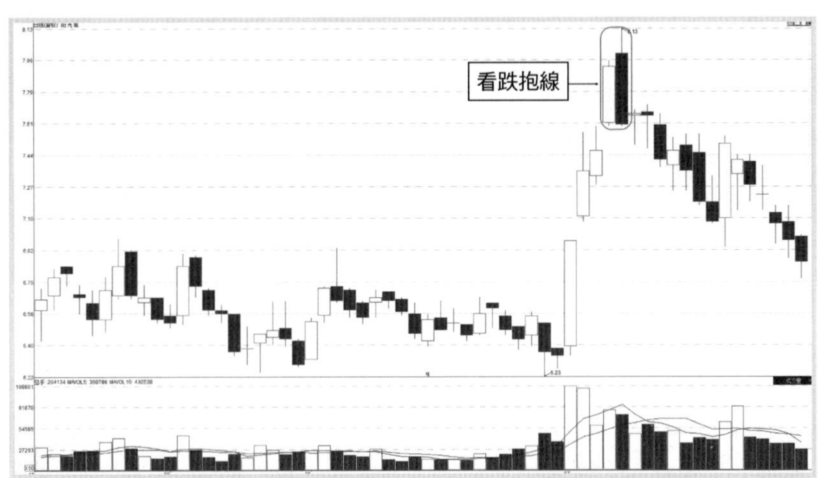


## 切入形組合：分為陰切陽與陽切陰

切入形組合可以分為「陽切陰」與「陰切陽」的組合。陽切陰也稱為「烏雲蓋頂」組合，由一根長陽線與一根開高走低的陰線組合而成，常出現在中短期高點，是空方開始發力、多方上攻乏力的訊號。

陰切陽也稱為「插入線」組合，由一根長陰線與一根開低走高的陽線組合而成，常出現在中短期低點，是多方開始發力、市場賣壓減輕的訊號。

下頁圖5-15是越博動力2020年7月至10月走勢圖。在震盪區低點，該股出現插入線組合。型態上將要跌破，但從整體走勢來看，震盪區處於相對低位且插入線組合是反彈訊號，操作上，宜短線買進。

下頁圖5-16是保利地產2020年4月至7月走勢圖。該股在一波短線上衝後的高點出現烏雲蓋頂組合。這是短線回檔的訊號，操作上應注意規避短期見頂的風險。

圖5-15 越博動力 2020 年 7 月至 10 月走勢圖

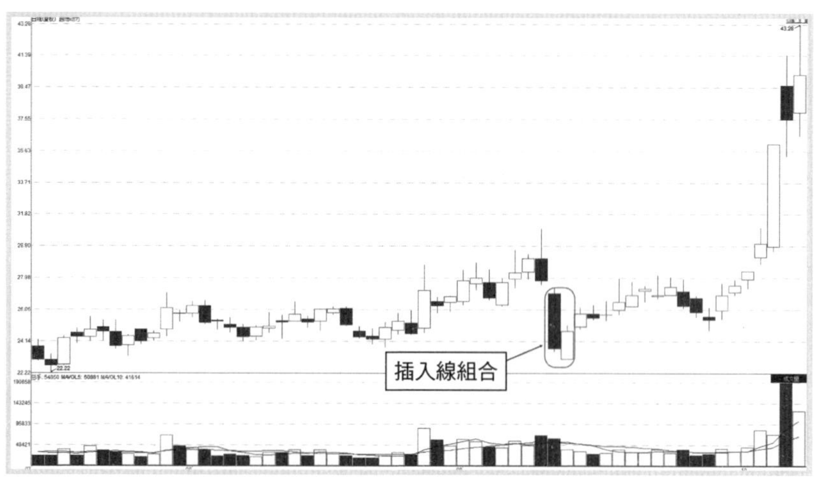


圖5-16 保利地產 2020 年 4 月至 7 月走勢圖

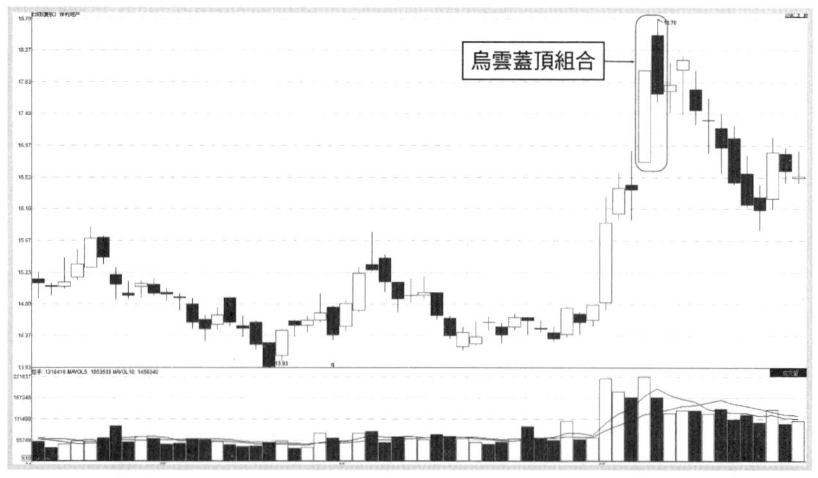

圖5-17　聯美控股 2019 年 12 月至 2020 年 3 月走勢圖

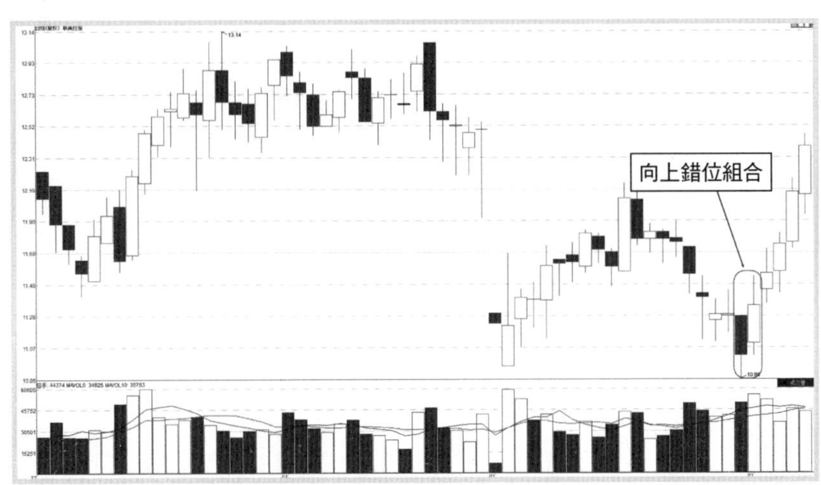


## 錯位形組合：分為向上與向下錯位

錯位形組合可分為向上錯位及向下錯位的組合。向上錯位組合，由一根陰線、一根開高走高且收盤價高於前一日開盤價的陽線組合而成，常出現在急速下跌後的低點，預示隨後可能出現強勢反彈行情。

向下錯位組合，由一根陽線、一根開低走低且收盤價低於前一日開盤價的陰線組合而成，常出現在急速上漲後的高點，預示著隨後有快速下跌走勢出現。

值得注意的是，錯位形組合是一種相對迅速的反轉型態，特別是當其出現在短線急速上漲（或下跌）之後。一旦出現這種組合，隨後的回檔（或反彈）力道往往較強，且速度往往較快。投資者應結合股價局部走勢情況，把握買賣時機。

圖5-17是聯美控股2019年12月至2020年3月走勢圖。在寬幅震盪區的低點，該股出現向上錯位組合，表明多方承接力道較強且有意向上推

圖5-18 宗申動力 2019 年 2 月至 5 月走勢圖

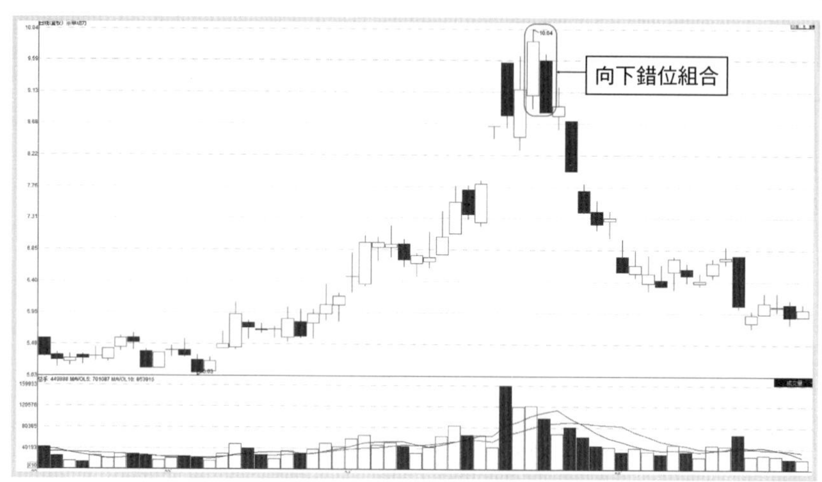


升，是短線進場訊號。

圖5-18是宗申動力2019年2月至5月走勢圖。該股在大漲之後的高點出現向下錯位組合，是一個下跌訊號，且之前的上漲波段力道較強、速度較快。此時出現的向下錯位組合是一個風險訊號，持股者應及時把握賣出時機。

## 反轉之星組合：分為希望之星與黃昏之星

反轉之星是較常見的組合型態之一，至少由三根K線組成，該組合分為希望之星與黃昏之星。希望之星由三部分組成，左側是一根大陰線，中間是一根、多根小陽線或小陰線，右側是一根中陽線，中陽線收盤價接近或超出左側大陰線的開盤價。希望之星組合常見於持續下跌後的低點，是上漲訊號。

黃昏之星由三部分組成，左側是一根大陽線，中間是一根、多根小

圖5-19　天齊鋰業2020年3月至6月走勢圖

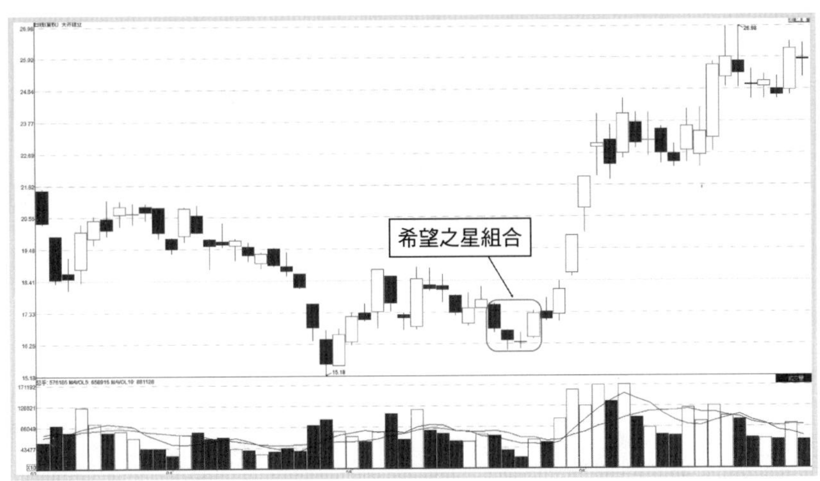


陽線或小陰線，右側是一根中陰線，中陰線收盤價接近或低於左側大陽線的開盤價。黃昏之星則常見於持續上漲後的高點，是下跌訊號。

理論上，反轉之星組合中的第二根K線，最好能夠跳空，這樣的組合型態最標準，其預示的價格走勢往往也更為準確。

圖5-19是天齊鋰業2020年3月至6月走勢圖。在震盪區的低點，該股出現希望之星組合，這是多方力量轉強的訊號，且整個震盪區間處於相對低點，操作上，宜買進佈局。

下頁圖5-20是誠志股份2020年6月至8月走勢圖。在震盪區的高點出現黃昏之星組合，表明此點位的空方佔據主動，價格走勢或將再度向下回檔，宜賣出離場。

## N字形組合：常見於震盪行情中

N字形組合也是一種較常見的上漲訊號。由多根K線組成，左側是

圖5-20 誠志股份 2020 年 6 月至 8 月走勢圖

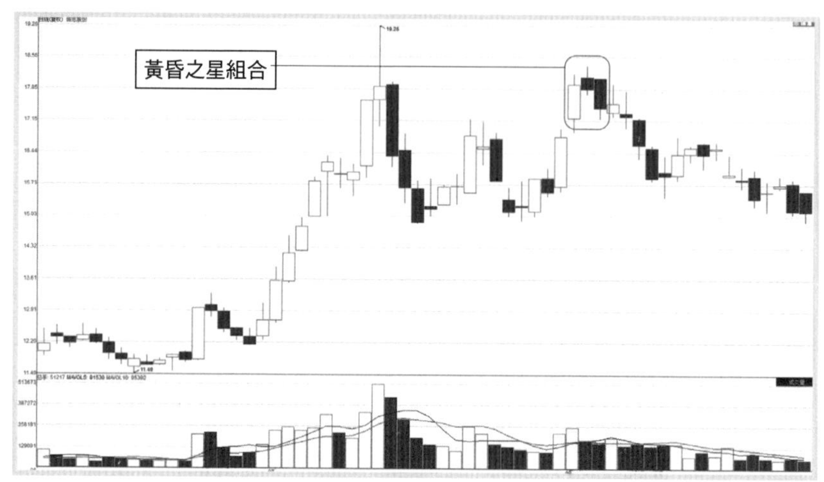


一根（或兩根）帶有明顯實體的陽線，隨後個股價格並沒有強勢整理，而是隨著小陽線、小陰線緩緩下行。當股價回檔至左側陽線的啟動價位附近時，再度出現一根（或兩根）帶有明顯實體的陽線，並使價格再度位於局部高點。

N字形組合常見於震盪行情中，在股價走勢將要突破震盪區時，市場分歧使得第一波突破未果，隨後引來多方的另一波進攻。表明多方力量能夠及時跟上，個股價格突破成功的機率增加。操作上，可以結合價格波動特徵，在右側陽線向上突破時擇機進場。

圖5-21是同大股份2020年4月至7月走勢圖。該股在低位震盪區出現N字形組合，隨後價格強勢站穩於右側陽線收盤價附近，此時是較好的中短線進場時機。

圖5-21　同大股份 2020 年 4 月至 7 月走勢圖

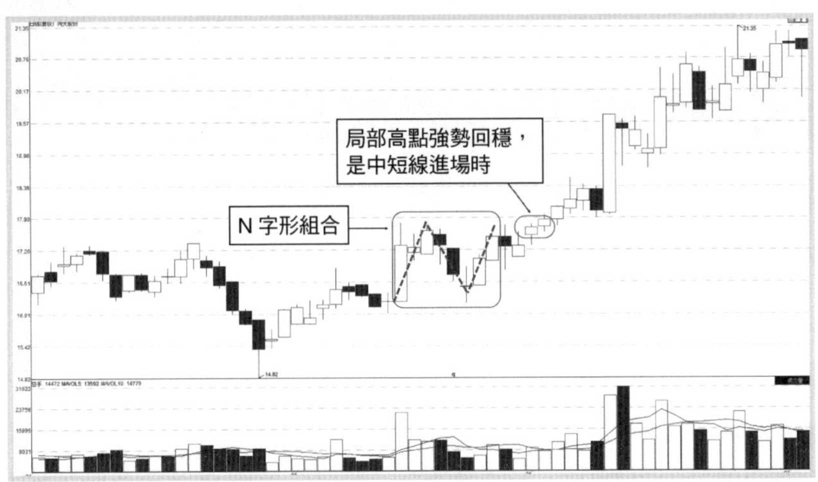

# 5-3 摸清頂部和底部的位置，你就察覺趨勢往哪裡走

上節內文說明的都是局部K線型態，它們表現的是短期內多空力量的轉變，預示的也是價格的短期轉向。此外，K線組合型態還可以預示趨勢的反轉。

在趨勢運行過程中，一些經典的K線組合型態有助於及時識別頂部與底部的出現，進而及時把握趨勢的轉向。

## 一次探底：有圓弧底和尖底

一次探底有兩種表現方式，一種是相對緩和的圓弧底，另一種是較為急速的尖底。圓弧底形似圓弧且弧面朝下，常見於累計跌幅較大，且局部跌勢較為緩和的下跌趨勢中。

圓弧底的構築就是空方力量逐漸轉弱、多方力量緩緩增強的過程。在低位區，應留意這種趨勢反轉的型態。

尖底是較為急速的反轉型態，常見於短線跌幅較大、跌速較快的中長期低位區。尖底多源於個股有較為火爆的熱門題材，進而獲得主力的炒作、市場的追捧。短期內出現的快速飆升走勢伴隨大幅度放出的量能，是尖底型態的典型特徵。

圖5-22是城發環境2020年3月至7月走勢圖。在價格快速下跌且短期跌幅較大的情況下，引發連續陽線的強勢反轉，構成一個尖底型態。尖底因形似大寫字母V，也稱為V形底。

圖5-22　城發環境2020年3月至7月走勢圖

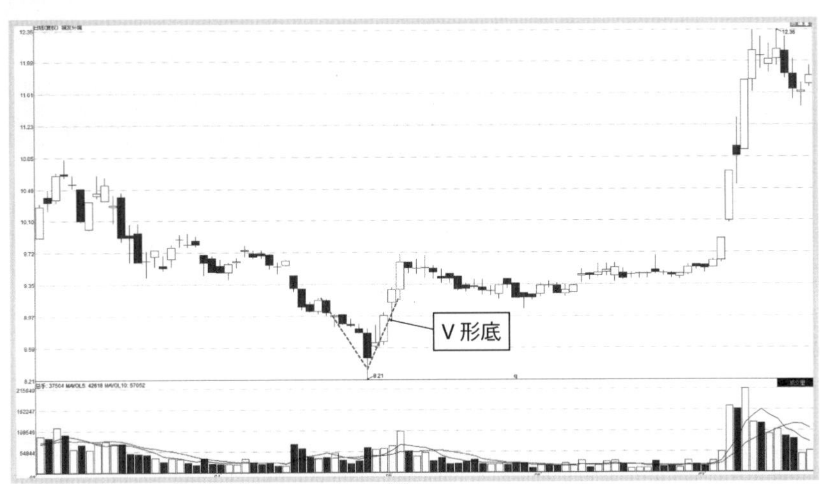


出現V形型態時，如果個股有熱門題材支撐，可以在反轉之初追漲進場，此時由於反轉幅度不大且V形底隱現，追漲風險相對較小。此外，也可以等V形底型態構築完成再進場。

下頁圖5-23是容百科技2019年8月至2020年2月走勢圖。個股在中長期的低位區出現圓弧形的築底型態，當弧形區右側的長陽線出現時，標誌著圓弧底型態構築完畢。此時，可以逢短線回檔買進。

## 一次探頂：有圓弧頂和尖底

探頂有兩種表現方式，一種是相對緩和的圓弧頂，另一種是較為快迅的尖頂。圓弧頂形似圓弧且弧面朝上，常見於累計漲幅較大且局部漲勢較為緩和的上升趨勢中。

圓弧頂的構築是多方力量逐漸轉弱、空方力量緩緩增強的過程。在高位區，應留意這種趨勢反轉的型態。

圖5-23 容百科技 2019 年 8 月至 2020 年 2 月走勢圖

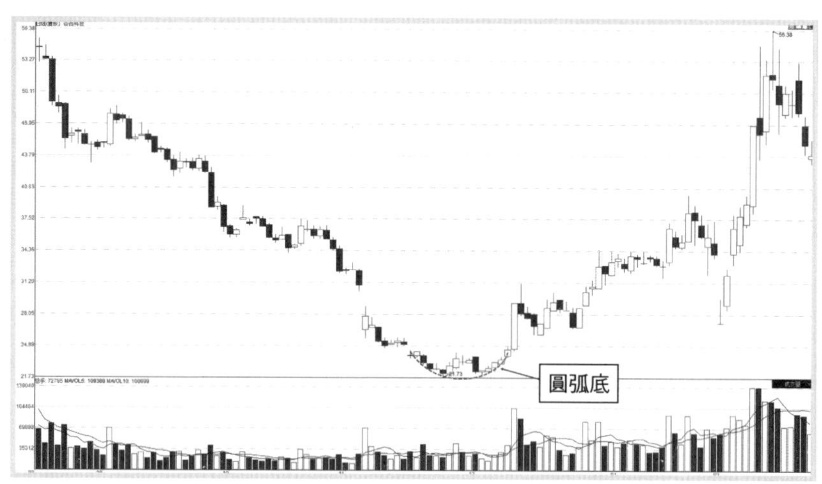


尖頂是較為急速的反轉型態，常見於短線漲幅較大、漲速較快的中長期高位區。該型態的形成，與獲利賣壓的集中湧出和主力快速出貨行為有關，或是由於個股出現明顯的利空消息。

圖5-24是瀋陽化工2020年6月至9月走勢圖。該股在高位區再度出現一波飆升走勢，由此引發價格的加速回檔，構築尖頂。

一般來說，在中長期高位區，如果出現這種快速、大幅上漲行情，股價是很難穩於短期高點的。在獲利賣壓極其沉重的情況下，出現尖頂的機率大大增加。

圖5-25是華紡股份2016年10月至2017年5月走勢圖。該股在相對高位區呈橫向寬幅震盪態勢，震盪高點依次下降，這表明空方力量整體佔優勢。在第三次震盪反彈時，構築一個型態開闊的圓弧頂，這是價格走勢或將跌破下行的訊號。

圖5-24　濬陽化工 2020 年 6 月至 9 月走勢圖

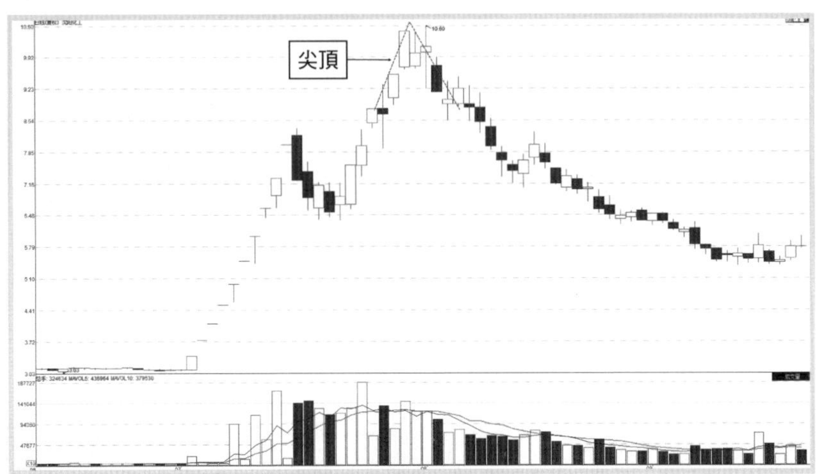


圖5-25　華紡股份 2016 年 10 月至 2017 年 5 月走勢圖

圖5-26 浙江美大 2020 年 3 月至 7 月走勢圖

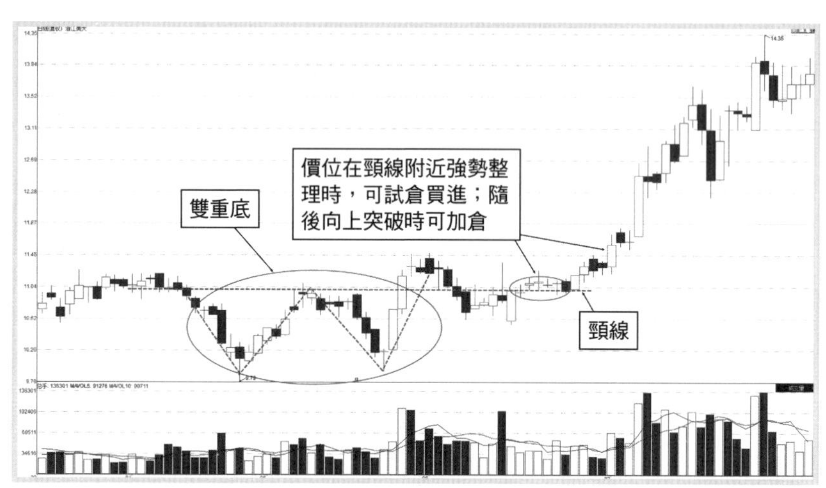


## 二次、三次探底：預示上升趨勢

二次探底也稱為雙重底、W形底。雙重底是價格走勢的二次探底，當價格二次下探而沒有跌破時，表明此位置點支撐力強，如果前期的跌幅較大，則此區域築底反轉的機率將大大提升。

雙重底有兩個較為重要的位置，一個是兩底之間的連線，這是支撐位，它對個股價格的下跌有強力的支撐作用。另一個是頸線（雙頂構築期間反彈時的高點），它對價格上漲有壓制作用。一旦個股隨著多方力量的增強而向上突破頸線，就預示著雙底型態的完全形成，也預示著一輪上升趨勢的展開。

圖5-26是浙江美大2020年3月至7月走勢圖。該股在低位區構築一個雙底型態，雙底型態有兩個較好的進場點，一個出現在股價位於頸線附近，強勢整理或回檔時，一個出現在向上突破時。實盤操作中，應結合市場強弱及個股特性把握進場時機。

圖5-27　桐昆股份 2020 年 3 月至 7 月走勢圖

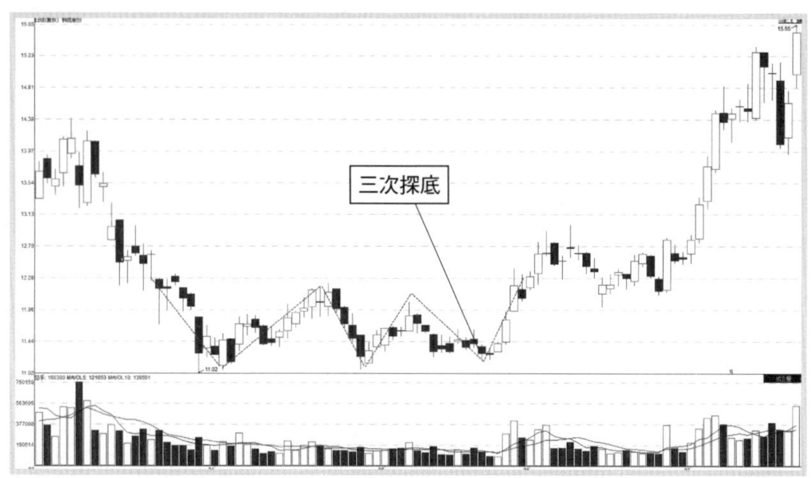


三次探底也稱為三重底，相較於雙重底，多一次探底過程。由於多了一次探底，築底成功的機率將提升，這種型態的出現也與市場震盪有關。

圖5-27是桐昆股份2020年3月至7月走勢圖。該股在低位區出現三次探底型態，預示趨勢可能將反轉上行。實盤操作中，可以逢短線回檔時買進佈局。

## 二次、三次探頂：預示下跌趨勢

二次探頂也稱為雙重頂、M形頂。雙重頂是價格走勢的二次探頂，當價格二次上探沒有突破時，表明此位置點壓力強。如果前期的漲幅較大，則此區域築頂反轉的機率將大大提升。

雙重頂有兩個較為重要的位置，一個是兩頂之間的連線，這是壓力位，對個股價格的上漲有強大的壓力作用；另一個是頸線（雙頂構築期

圖5-28 萬向德農 2020 年 6 月至 9 月走勢圖

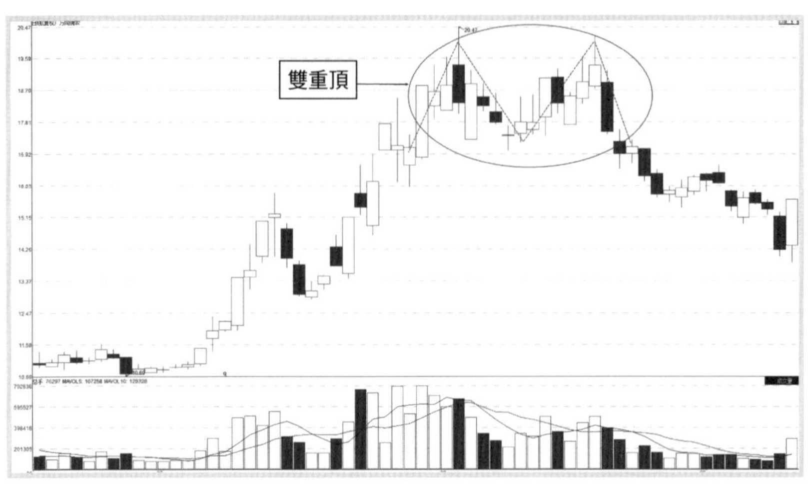


間回檔時的低點），它對價格下跌有支撐作用。一旦個股隨著空方力量的增強而向下跌破頸線，預示著雙頂型態的完全形成，也預示著一輪下跌趨勢的展開。三次探頂比雙重頂多一次探頂過程，其市場含義和交易方法，與雙重頂型態基本上一致。

圖5-28是萬向德農2020年6月至9月走勢圖。該股在高位區出現雙重頂型態，是趨勢或將反轉下行的訊號，應注意風險。

## 頭肩底：有 2 個較好買點

頭肩底是出現頻率很高的一種底部反轉型態。圖5-29是一個較為標準的頭肩底型態，它由左肩、頭、右肩三個部分組成，且左肩與右肩同高，頭部在最後一波探底走勢中形成。頸線是一個強壓力位，突破頸線代表頭肩底型態構築完成。

頭肩底是一種較為開闊的築底型態，在構築過程中，可以看到量能

圖5-29　頭肩底型態

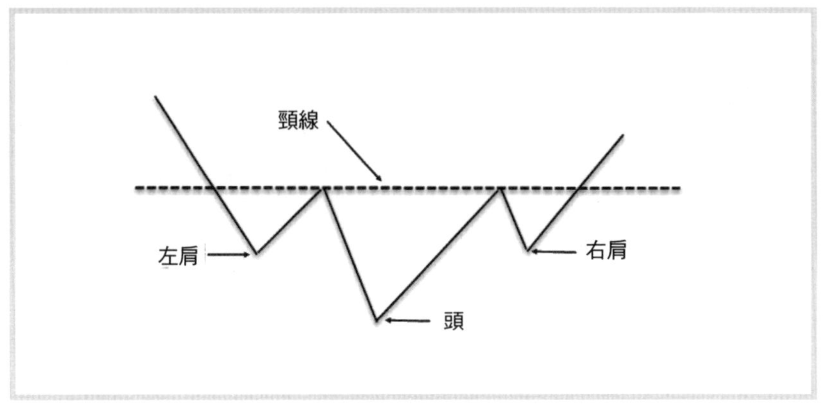


的相對放大。當個股價格由右肩向上突破頸線時，量能往往會進一步放大，正是買盤極為充足、多方完全佔據主動的表現。

下頁圖5-30是三聚環保2020年3月至7月走勢圖。個股在低位區構築一個開闊的頭肩底型態。利用頭肩底型態買進時，右肩處及向上突破頸線位置，是兩個較好的買點，在實盤操作中，應注意把握。

## 頭肩頂：有 2 個較好賣點

頭肩頂是出現頻率很高的一種頂部反轉型態。下頁圖5-31是一個較為標準的頭肩頂型態，它由左肩、頭、右肩三個部分組成，且左肩與右肩同高，頭部是由最後一波探頂走勢形成。頸線是一個強支撐位，跌破頸線標誌著頭肩頂型態構築完成。

第181頁圖5-32是中孚信息2020年3月至9月走勢圖。該股在高位震盪過程中，構築一個頭肩頂型態。利用頭肩頂型態進行賣出時，右肩處及向下跌破頸線位置，是兩個較好的賣點。

圖5-30 三聚環保 2020 年 3 月至 7 月走勢圖

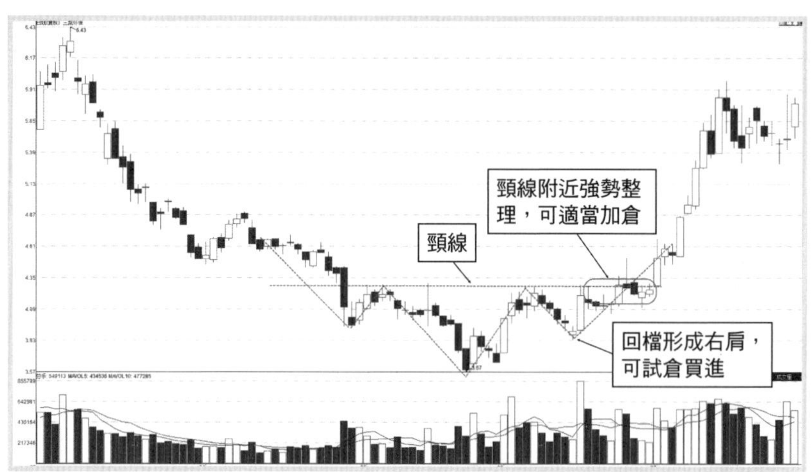


圖5-31 頭肩頂型態

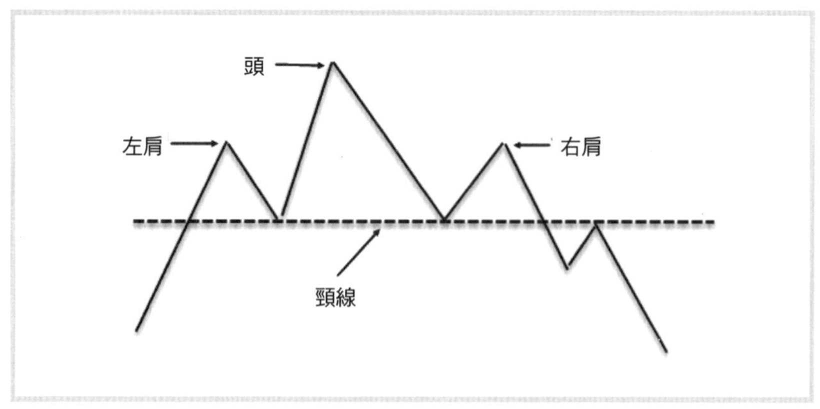

圖5-32 中孚信息2020年3月至9月走勢圖

# 5-4 瞭解 9 種放量型態，洞悉價格走勢的急速變化

成交量蘊含豐富的訊息，在結合價格走勢的基礎上，透過量能型態的變化，可以及時瞭解多空雙方的交鋒情況，把握多空力量對比的轉變，預測價格的後期走向。

對量能型態的變化，最重要的影響因素當屬放量，因為放量代表著多空分歧的加劇，它往往會引發價格走勢的急劇變化。

在急速上漲或下跌的過程中，往往可以看到成交量的同步放大，但沒有放量配合，急速上漲或下跌都很難發生。換個角度看，透過成交量的變化，可以更好地解釋當前的價格走勢，進一步把握走勢的未來變化加以佈局。

本節將介紹市場中出現頻率較高的幾種放量型態，可以稱為經典放量型態。

## 溫和式放量：預示上漲走勢持續

溫和式放量是指成交量緩緩放大，較近期的均量水準而言，放量效果較為溫和，常出現在較為緩和的上漲走勢中，代表買盤資金的陸續進場，多方力量持續釋放。

在短期漲幅不大的情況下，這是一種相對穩健的量價配合，預示著上漲走勢有望持續。

圖5-33是浙江富潤2020年4月至7月走勢圖。該股自低位區開始一波

圖5-33　浙江富潤2020年4月至7月走勢圖

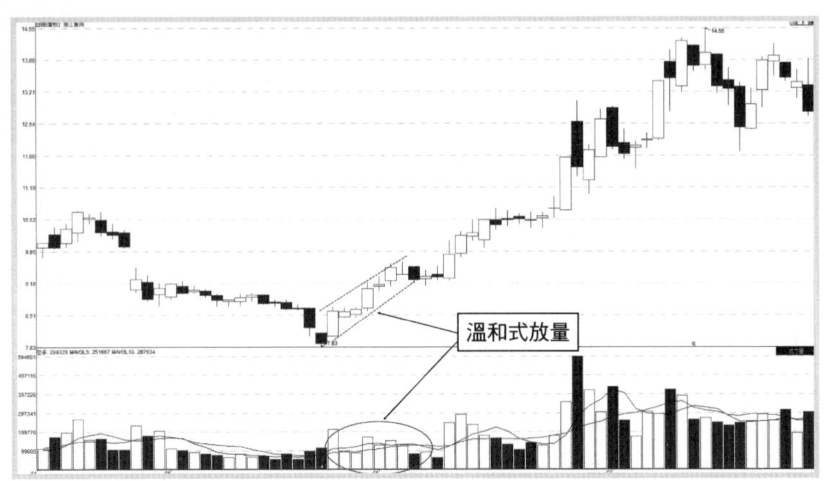


上漲，上漲速度較緩且量能呈溫和放大，這種量價關係是上漲走勢持續增強的訊號。操作上，可以持股待漲或買進佈局。

## 脈衝式放量：預示出現深幅回檔

脈衝式放量一般也稱為「凸量」，是指成交量單日（或連續兩日）突然放大的狀態，其放量效果可以達到之前均量水準的3倍左右（或甚至更高）。之後，成交量又突然縮小，量能的放大過程有著明顯的不連續性。

脈衝式放量是量能的明顯異動，常出現在階段高點。雖然放量日多收於大陽線，但並非上漲訊號，由於隨後交易日的量能突然縮減，高位獲利盤得不到有效承接，價格走勢出現回檔的機率較大。

通常脈衝式放量幅度越大，型態越明顯，預示將出現深幅回檔的機率越大。以下結合實例加以說明。

圖5-34. 泰豪科技 2020 年 6 月至 9 月走勢圖

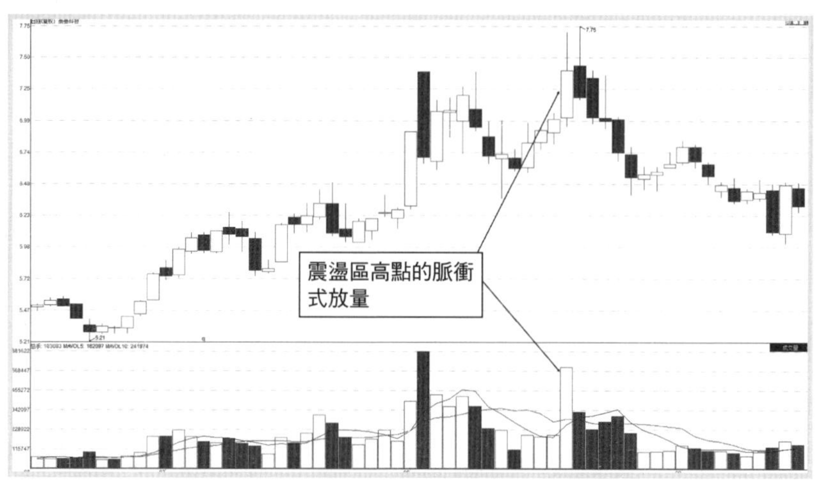


圖5-34是泰豪科技2020年6月至9月走勢圖。該股在震盪區高點出現放量大陽線，但當日的成交量型態呈現為凸量。脈衝式放量型態是後續買盤資金匱乏的象徵，很難推動股價持續向上，突破行情也難以為繼。操作上，應注意價格再度跌回震盪區的風險。

圖5-35是京能電力2020年2月至4月走勢圖。該股在跳空上漲時出現雙日脈衝式放量，第二個交易日開低走高且收於上影線的型態，表示高點的市場賣壓異常沉重。短線操作上，宜賣出規避風險。

## 單日天量：鎖定獲利賣出離場

單日天量與脈衝式放量較相似，只是它的放量效果更為明顯，一般來說，當日的成交量可以達到近一、兩年的峰值，且當日量能明顯高於近期的均量水準。

單日天量這種放量型態常出現在短期大漲後的高點，是價格快速變

圖5-35　京能電力 2020 年 2 月至 4 月走勢圖

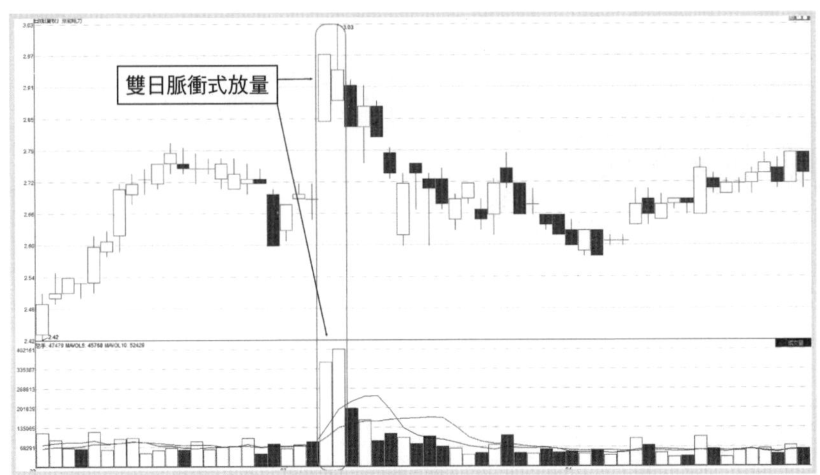


化，引發市場分歧急劇增加的表現。由於放出天量，對買盤消耗是極大的，多方力量也將快速減弱，出現深幅回檔的機率較大，是風險出現的訊號。

下頁圖5-36是維維股份2019年4月至2020年5月走勢圖。時間橫跨一年，可以看到，在一波急速上漲後，出現單日天量型態，雖然當日收於長陽線，但這種量價型態很難支撐上漲走勢。在操作上，宜鎖定獲利，賣出離場。

## 井噴式巨量：留意高位反轉風險

井噴式巨量型態是指，在一波連續大陽線、快速飆升走勢的上漲波段，成交量大幅放出且至少連續保持三個交易日，而這幾日的放量幅度相近。

對於這種量價型態，連續的巨量是支撐行情飆升的關鍵。一旦在上

圖5-36 維維股份 2019 年 4 月至 2020 年 5 月走勢圖

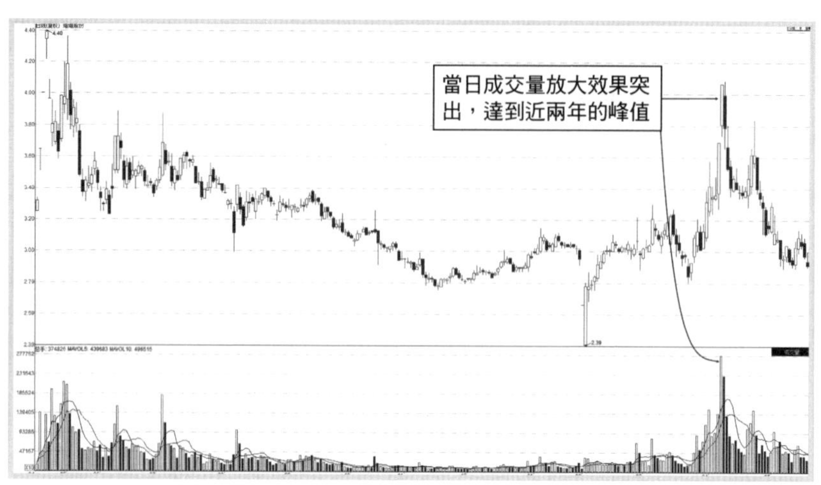


漲過程中出現單日相對縮量且收於陰線，預示著短線行情可能將終結，應留意高位反轉風險。

圖5-37是東方通信2019年3月至10月走勢圖。在該股的一波急速上漲過程中，出現成交量連續大幅度放出情況，形成井噴式巨量型態。之後，成交量縮小，且收於陰線，顯示短線行情將結束，有調整風險，宜賣出離場。

## 連續放量下跌：等縮量回穩可逢低進場

連續放量下跌型態與井噴式巨量型態正好完全相反，它出現在一波深幅下跌後的低點位。此時，價格重心仍在下移，但量能型態出現變化，持續放大並收於陰線。

這種量價型態代表空方力量正加速釋放，考慮到當前處於一波深跌後的低點，因此可以看作中短期內空方力量消耗過度，易引發行情反轉

圖5-37　東方通信 2019 年 3 月至 10 月走勢圖

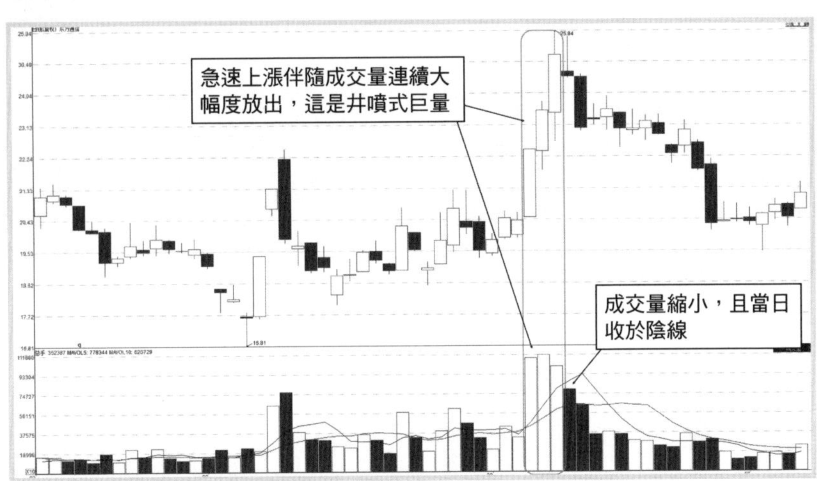


的訊號。

操作上，若之後出現相對縮量的回穩走勢，往往是行情將反轉的訊號，可以適當逢低進場。

下頁圖5-38是愛柯迪2020年2月至5月走勢圖。該股在一波下跌後的低點再度下探，在這一波繼續下跌的過程中，出現成交量持續放大的型態，屬於典型的連續放量下跌型態，是空方力量加速釋放的樣貌。

之後的縮量回穩區間出現在深跌後的低點，空方力量明顯消耗過度，易引發行情反轉，是建立倉位進行中短期佈局的時機。此時，投資者可適當參與中短線行情。

## 堆量式上（滯）漲：預示深幅下跌走勢

堆量式上（滯）漲是指，在短期的一波相對緩和的上漲走勢（或是橫向整理）中，成交量連續數個交易日保持著十分鮮明的放大，型態上

圖5-38 愛柯迪 2020 年 2 月至 5 月走勢圖

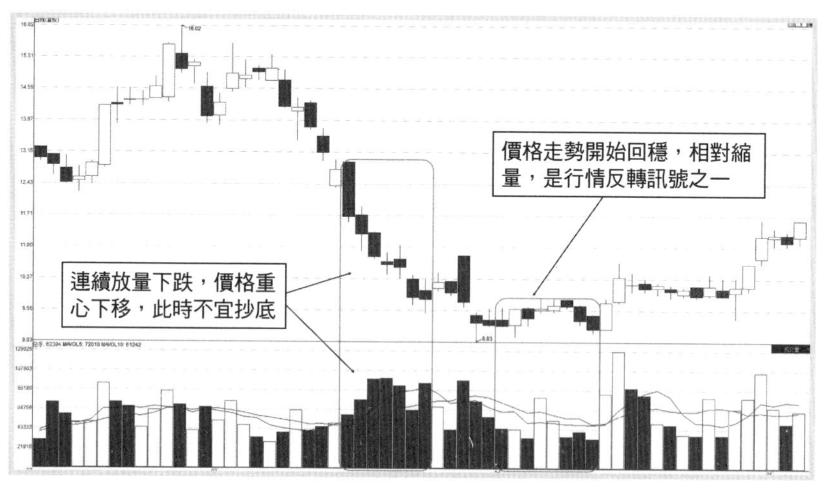


呈現一種堆積式放大的效果。但價格沒有在堆量的推動下快速上漲，呈現出與量能放大不符合的緩和式上漲（或是橫向滯漲）。

這是一種常見的量價型態，它的出現預示個股短期內將有深幅下跌走勢出現。在堆量滯漲型態中，連續且明顯放大量，說明個股的賣壓極其沉重，即使是如此巨量的買盤進場，也無法有效地推升個股快速上漲。一旦買盤進場力道減弱，一波下跌走勢自然難以避免。

圖5-39是天喻信息2019年12月至2020年3月走勢圖。該股以一種跳空的方式實現突破，突破後的上漲走勢雖然有連續放出的巨量支撐，但十分緩慢，屬於堆量式上漲型態，代表市場賣壓較重。一旦出現量能縮減，往往是短線行情反轉的訊號，應注意規避短線風險。

圖5-40是寶勝股份2020年1月至4月走勢圖。該股在盤整區的多個交易日均出現較大的盤面振幅，但股價重心並沒有上移，期間的成交量呈堆積式放大型態，屬於堆量式滯漲。預示隨後的價格走勢將跌破向下，應注意風險。

圖5-39　天喻信息 2019 年 12 月至 2020 年 3 月走勢圖

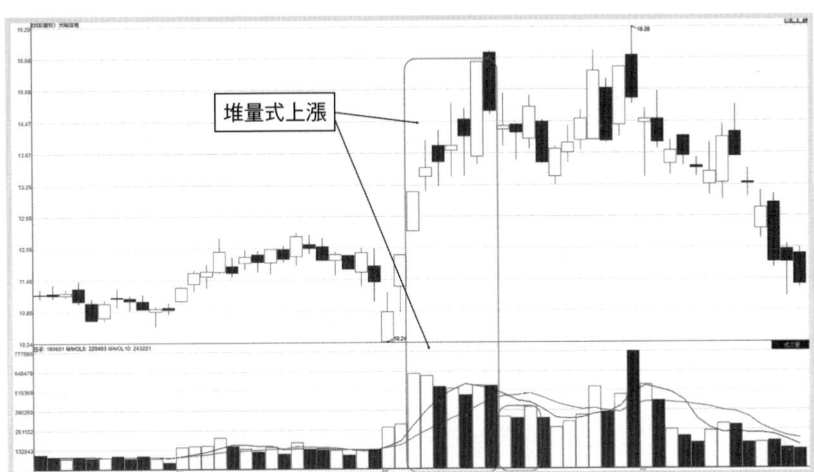


圖5-40　寶勝股份 2020 年 1 月至 4 月走勢圖

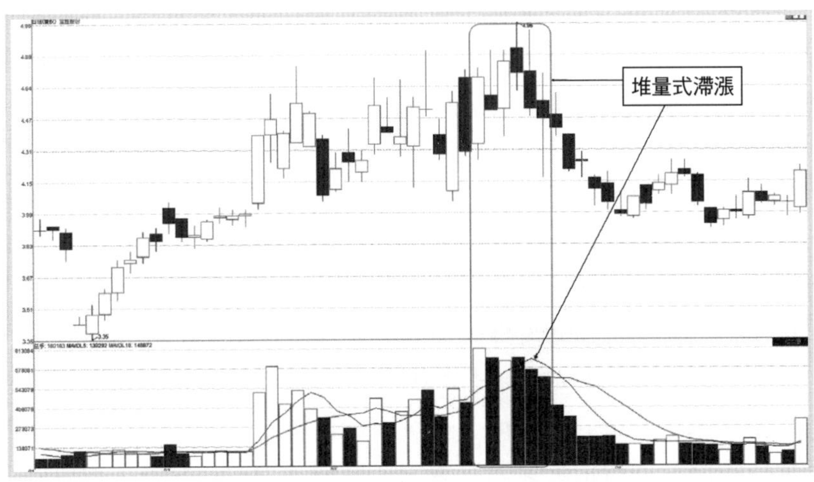

圖5-41 太平鳥 2020 年 4 月至 9 月走勢圖

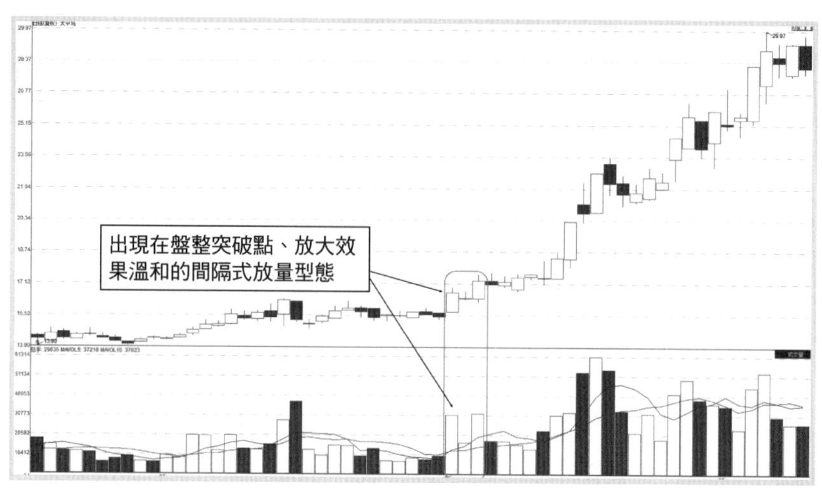


## 間隔式放量：成交量隔日放大

間隔式放量是指成交量隔日放大的一種型態，經常出現在盤整區突破點，或是短期大漲後的高點。間隔式放量伴隨著上漲走勢，這種量價型態出現的位置點位不同、放量幅度不同，所蘊含的多空訊息也不盡相同。

舉例來說，出現在盤整區突破點且放量效果相對溫和的間隔式放量，對行情的突破有助推作用，是上漲訊號。出現在短期漲幅較大時的間隔式放量，其放量幅度往往較大，呈現出一種脈衝式的效果，是市場賣壓沉重的訊號，預示著短線行情即將見頂，是逢高賣出的時機。

圖5-41是太平鳥2020年4月至9月走勢圖。該股在相對低位區經歷長期的盤整蓄勢，隨後向上突破，在突破啟動點，出現放大幅度溫和的間隔式放量型態，對行情的突破具有支撐作用。進行操作時，可以結合價格波動特點買進佈局。

圖5-42　威派格 2019 年 12 月至 2020 年 3 月走勢圖

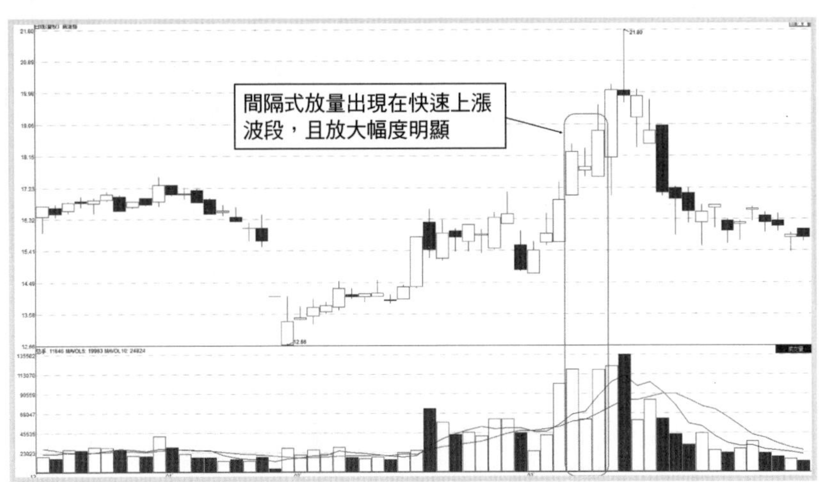


圖5-42是威派格2019年12月至2020年3月走勢圖。該股在一波快速上漲中出現間隔式放量，由於量能放大幅度明顯，且短線漲幅較大，間隔式放量應被看作多方力量消耗較大，市場追漲盤不足的訊號，也預告短期上漲走勢可能會見頂。操作上，宜在隨後的交易日逢高賣出，鎖定獲利。

## 遞增式放量：買盤加速進場，股價快速上漲

遞增式放量也是一種較為典型的放量型態。它的特徵是成交量在連續數個交易日內，出現逐級放大的遞增式過程，即後一交易日的量能略高於前一交易日，且這種遞增效果至少持續4個交易日。

在實際盤面中，只要5日均線出現明顯的上行態勢，成交量在連續數個交易日內，保持一種較為明顯的逐漸放大的型態，也可以視為遞增式放量。

圖5-43 安迪蘇2020年6月至9月走勢圖

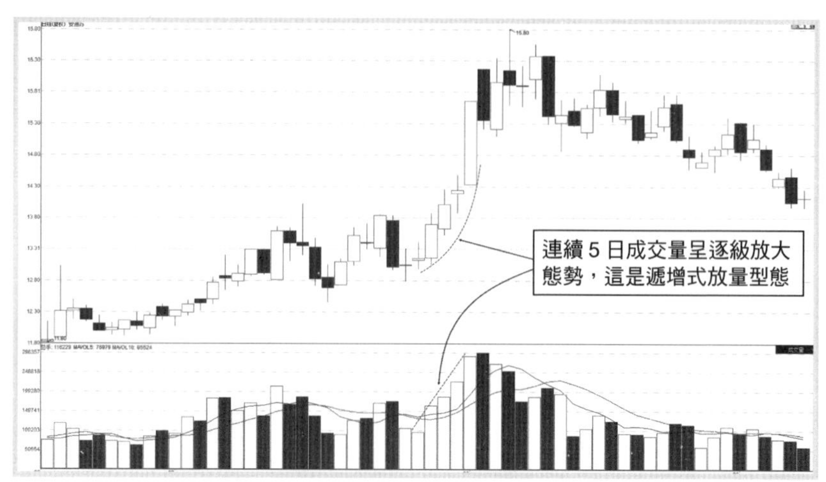


遞增式放量蘊含的市場訊息是：買盤在加速進場，因為不斷加大力道的買盤資金推動，股價才得以在短期內快速上漲，然而交易是雙向的，不斷遞增的量能同時意味著賣壓不斷加大。一旦買盤進場速度減緩，即量能出現相對縮減，在短期高點的沉重賣壓下，價格出現回檔的機率是極大的。

一般來說，當遞增式放量達到極限，無法再度放大時，其位置點往往就是這一波上漲走勢的階段性高點。

圖5-43是安迪蘇2020年6月至9月走勢圖。該股在一波快速上漲中出現遞增式放量型態，隨著量能的遞增，上漲速度也在加快。但是，當量能無法再度放大時，股價也進入短期頂部，宜逢高離場。

## 放量大陰線：股價大幅下挫

放量大陰線型態代表著賣盤大量拋售，且買盤無法有力承接，因此

圖5-44　中炬高新 2020 年 6 月至 9 月走勢圖

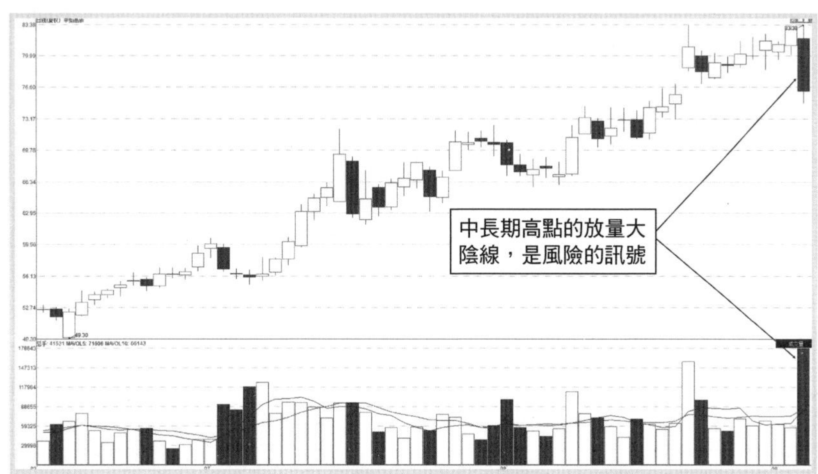


只能以股價大幅下挫的方式賣出，是市場賣壓沉重的顯現。這種型態是中短期風險訊號，常出現在中長期高點或高位盤整之後，是價格走勢轉向的訊號。

但是，也有一些放量大陰線出現在快速下跌之後的低點，它可以被看作空方力量快速、過度消耗的訊號，往往醞釀著反彈行情。下面結合實例觀察不同情形下的放量大陰線，如何提示買賣訊號。

圖5-44是中炬高新2020年6月至9月走勢圖。該股在高位平台區出現一個放量大陰線型態，這是獲利盤集中湧出的標誌，也預示高位平台整理之後可能出現跌破行情，是反轉下行訊號，宜賣出以規避風險。

下頁圖5-45是南京化纖2019年12月至2020年3月走勢圖。該股在一波快速上漲中，突然出現開低走低的陰線，雖然當日成交量略小於上一個交易日，但仍遠高於近期平均水準，屬於放量大陰線型態。

這種出現在急速上攻走勢中的放量大陰線，往往是行情急速轉向的訊號，個股的短期運行上容易出現快速的過山車，在實盤操作時應注意

**圖5-45** 南京化纖 2019 年 12 月至 2020 年 3 月走勢圖

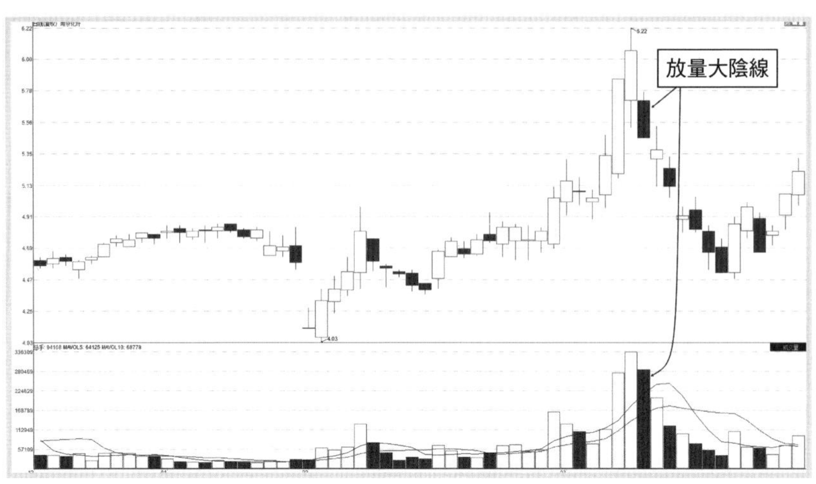


**圖5-46** 盤江股份 2020 年 3 月至 6 月走勢圖

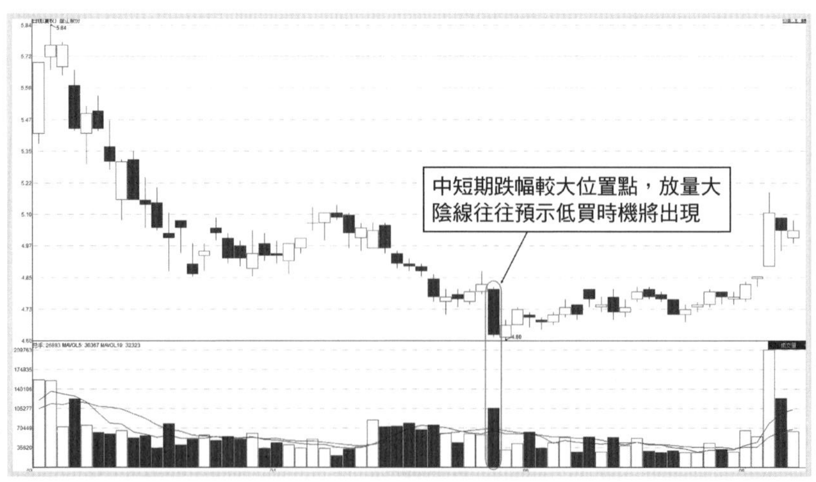

規避風險。

圖5-46是盤江股份2020年3月至6月走勢圖。圖中標注的放量大陰線出現於持續下跌的低點，該股的中短期跌幅已經較大，不過基本面良好，有業績支撐。對於這樣的個股，大跌之後的低點往往是較好的逢低買進時機。

此時出現的放量大陰線，可以看作中短期空方力量釋放較為充分的訊號。一旦隨後出現止跌回穩型態，可以逢低買進，適當建倉。

# 5-5 到底是機會還是風險？這樣解讀 6 種縮量型態

放量是多空分歧加劇的標誌，常被視作主力參與的訊號，對應價格的劇烈變化，受到較多關注。縮量常被市場看作交易清淡、市場萎靡的訊號，價格波動趨窄，常被投資者忽略。

其實，行情的迸發往往有一個醞釀的過程，出現典型縮量型態很可能蘊藏著重要的市場訊息，例如：市場浮籌少、主力控盤能力強，或是市場賣壓減輕、多空力量轉變等。能夠解讀這些縮量型態蘊含的訊息，就可以提前佈局，鎖定機會。

本節總結幾種典型的縮量型態，有的預示機會，有的提示風險，有較高的實戰參考價值。

## 低點位縮量上移：機會大於風險

低點位的縮量上移是指，在中長期的低位區或跌幅較深的低點，價格走勢開始不斷上移，但是在上漲過程中，成交量沒有出現明顯的放大。對比之前盤整區或是下跌過程中的量能大小，這一波持續的上漲走勢是相對縮量的。

正常的量價配合是上漲時放量，因為需要更多的買盤推動上漲，抵擋獲利賣壓；下跌時則相對縮量，因為持股者多處於觀望狀態，只要下跌走勢不劇烈，不出現恐慌盤，賣壓不會十分沉重。

但是，常態下的量價關係並沒有考慮主力控盤的因素考慮，當主力

圖5-47　昭衍新藥2020年2月至6月走勢圖

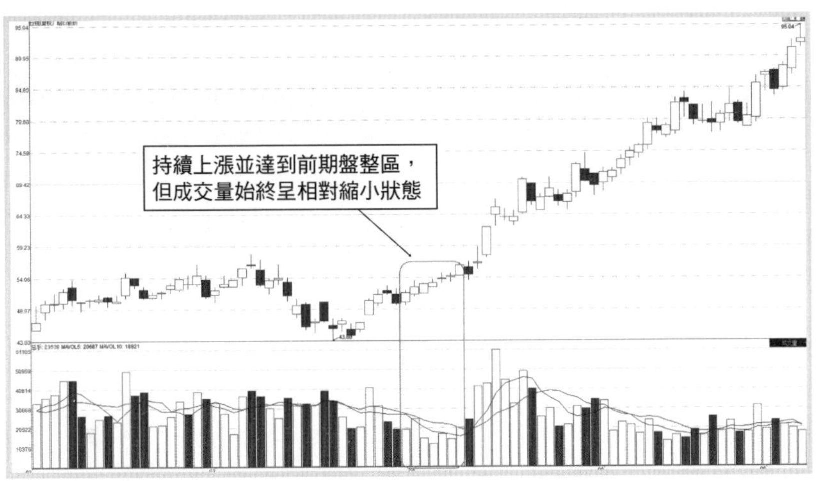


入駐一支個股後，由於改變籌碼的供需關係，市場浮籌較少，股價的上漲往往呈現縮量。因此，縮量上漲並非一定不牢靠，在實盤操作中，需要依照具體情況對待。

對於這種低位縮量上漲個股，通常是機會大於風險，因為只有股價大幅上漲之後，主力資金才能獲利。如果個股有基本面及較好的估值狀態配合，此時的買進佈局會更穩當。

在實盤操作中，對於這類低位縮量上漲且有業績支撐的個股，可以適當中線買進佈局，以分享主力隨後繼續拉升所帶來的獲利。

圖5-47是昭衍新藥2020年2月至6月走勢圖。可以看到，個股自低點位開始一波上漲走勢，雖然股價漲至前期盤整區，但沒有引發解套盤與短線獲利盤的大量湧出，成交量始終呈相對縮小狀態，這是主力控盤能力較強的象徵。

從整體走勢來看，仍處於低位區，後期上升空間較大，在操作上，可以買進佈局。

圖5-48 海鷗住工 2020 年 3 月至 5 月走勢圖

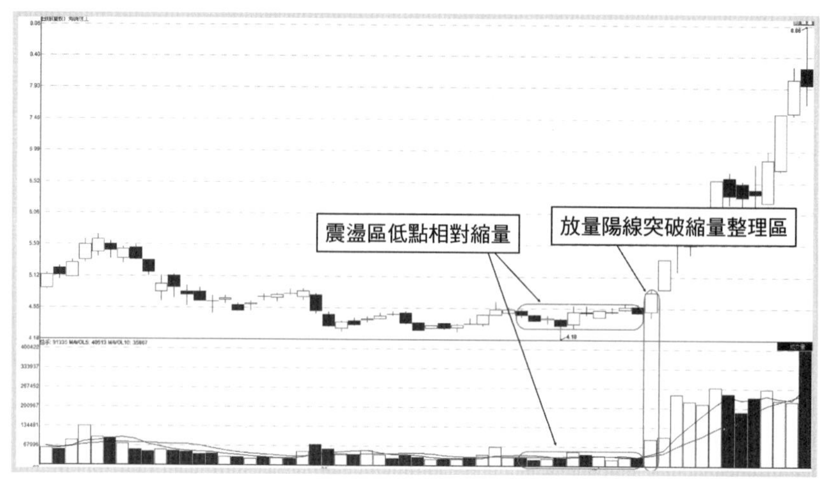


## 震盪區低點相對縮量：顯示中短線買進時機

在橫向震盪區的低點出現明顯的縮量，一般來說，既是市場交易平淡的表現，也是市場賣壓大幅減輕的訊號。

特別是當震盪區域位於中長期的相對低點位時，接著只需少量的買盤資金介入，個股就會迎來一波反彈上漲走勢。個股隨後跌破下行的機率將減小，轉向上攻的機率則較大，是中短線買進的時機。

但是，如果這個震盪區域位於短期大漲後的高點，或是中長期累計漲幅較大的位置點，在實盤操作時，應控制好倉位，注意風險。

圖5-48是海鷗住工2020年3月至5月走勢圖。隨著價格波動幅度變窄，成交量逐漸縮小，股價位於震盪區的相對低點，屬於震盪區低點相對縮量型態。

對於中線操作來說，此時的震盪縮量區可適當買進佈局；但對於短線交易來說，宜等到其發出明確的上攻訊號時再進場。這種訊號多為相

圖5-49　天富能源 2020 年 4 月至 7 月走勢圖

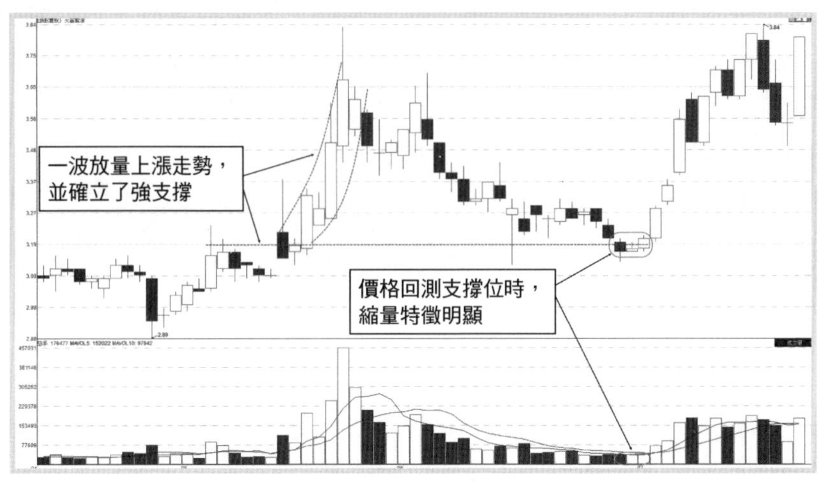


對放量的陽線突破型態，本案例就是以這種方式開始上攻走勢的。

## 縮量回測支撐區：價格反轉上行可進場

放量上漲走勢代表資金加速進場，但往往因獲利賣壓沉重、市場整體低迷等因素，價格難以穩於短期高點，進而回測啟動點（即這一波上漲走勢的支撐位）。

如果價格回檔至支撐位出現明顯的縮量，即成交量處於最近一段時間內的最小值狀態，表明短期內的空方力量已消耗殆盡，價格走勢有望反轉上行，是進場訊號。

圖5-49是天富能源2020年4月至7月走勢圖。該股在一波放量上漲之後持續回檔，當價格跌至支撐位時，成交量處於近期最小值，是典型的縮量回測型態。由於中短期內的空方力量已經充分釋放，價格進一步下跌的機率較小，反轉上行有望展開，此時是進場時機。

## 盤中極度窄幅縮量：出現在高位區應賣出

盤中的波動一般會受到大盤走勢的影響，若個股連續多個交易日的盤中波動幅度極窄，表明市場浮籌極少。大量的籌碼掌握在主力手中，在這種情形下，個股位於中長期低位區時，是機會大於風險的訊號，預示著後期上漲潛力較大。但是，若這種情形出現在大漲後的高位區橫向波動時，則往往是風險的訊號。

由於市場的承接盤較少，主力出貨將面臨困難，特別是在股市整體低迷的背景下。對於投資者來說，在高位區宜規避這類個股。

圖5-50是中興商業2019年2月至8月走勢圖。該股在大漲後的高位區出現橫盤震盪，隨著震盪的持續，出現連續多日盤中波動幅度極窄且成交量明顯萎縮的型態。高位區的這種量價關係是風險的訊號，特別是對於基本面與漲幅無法匹配的個股，應賣出離場。

## 快漲後的斷層式縮量：高位支撐力道不足

斷層式縮量常見於堆量式上漲之後，在一波快速的火箭式上攻走勢中，成交量往往呈現出堆積式放大。在隨後的高點，當上漲停止，開始震盪時，量能會相對縮小。

如果震盪時的量能相較於之前上漲時的堆量，呈現出類似斷層的縮減效果，表明市場參與度大幅下降，承接力道也在逐步減弱。個股又正處於高位區，獲利賣壓較為沉重，容易出現反轉向下的跌破走勢，應注意風險。

圖5-51是協鑫集成2019年2月至5月走勢圖。個股在急速上漲後的高位區出現斷層式縮量型態，價格重心也略有下移，顯現市場的承接力道在變弱，高位支撐力道不足，宜賣出離場。

## 圖5-50 中興商業 2019 年 2 月至 8 月走勢圖

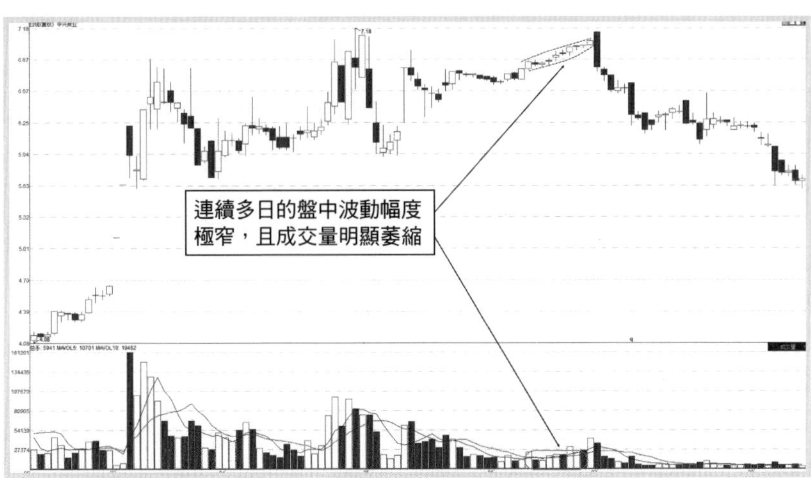


## 圖5-51 協鑫集成 2019 年 2 月至 5 月走勢圖

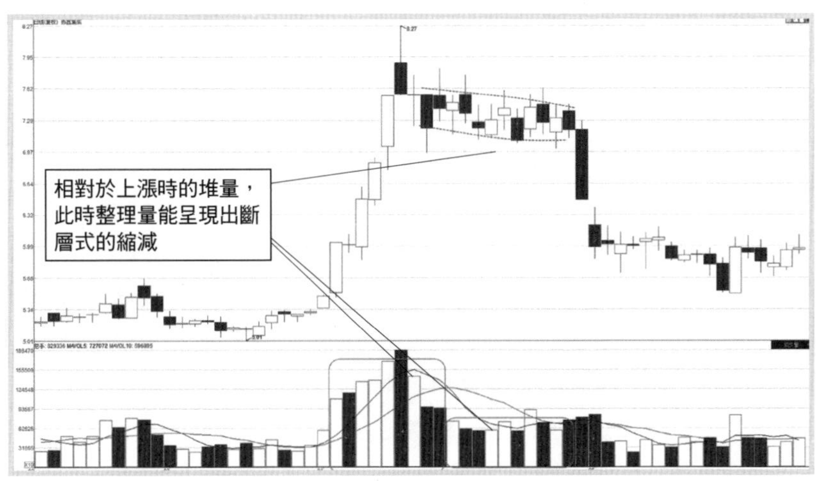

圖5-52 中順潔柔 2019 年 12 月至 2020 年 7 月走勢圖

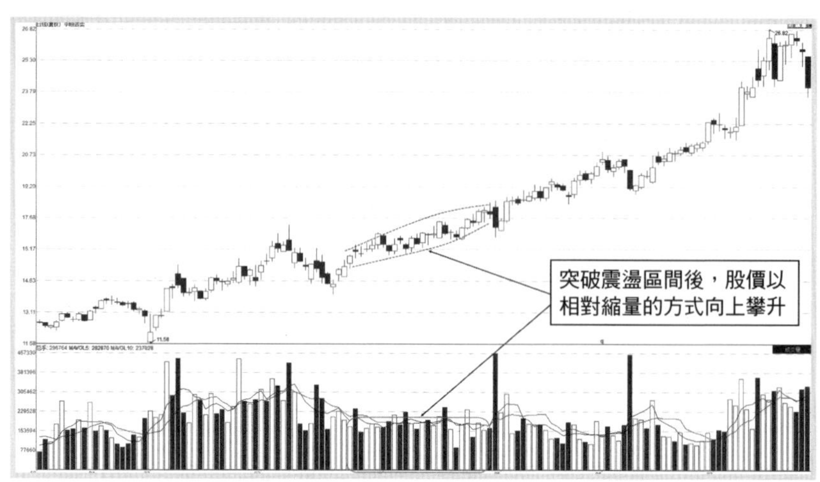


## 突破震盪區後的縮量攀升：中長線持股待漲

震盪區是多空分歧較為劇烈的區域，當個股突破震盪區後，如果能以不放量（或是相對縮量）的方式向上攀升，代表市場賣壓較輕，主力控盤能力較強。

一般來說，只要個股累計漲幅不是很大且有業績支撐，之後往往有一定的上漲空間，中長線操作仍宜持股待漲。

圖5-52是中順潔柔2019年12月至2020年7月走勢圖。該股在突破震盪區間後緩緩上行，量能並沒有隨著價格創新高而放大，反而出現相對縮量。

結合該股優異的基本面及累計漲幅尚可等因素，進行綜合分析，該股依舊處於整體型態良好的上升趨勢之中，可以繼續持有。

NOTE

/ / /

國家圖書館出版品預行編目（CIP）資料

MACD 訊號操作法：【全圖解】用 117 張圖學會，有效辨識波峰波谷的多空力量，提前預判股價走勢！／韓雷著. -- 新北市：大樂文化有限公司，2024.09
208面；17×23公分.--（Money；60）

ISBN 978-626-7422-46-5（平裝）
1. 股票投資　2. 投資技術　3. 投資分析

563.53　　113011162

Money 060

# MACD 訊號操作法

【全圖解】用 117 張圖學會，有效辨識波峰波谷的多空力量，
提前預判股價走勢！

作　　者／韓　雷
封面設計／蕭壽佳
內頁排版／楊思思
責任編輯／黃淑玲
主　　編／皮海屏
發行專員／張紜蓁
財務經理／陳碧蘭
發行經理／高世權
總編輯、總經理／蔡連壽

出 版 者／大樂文化有限公司（優渥誌）
地址：220新北市板橋區文化路一段 268 號 18 樓之1
電話：（02）2258-3656
傳真：（02）2258-3660
詢問購書相關資訊請洽：（02）2258-3656

香港發行／豐達出版發行有限公司
地址：香港柴灣永泰道 70 號柴灣工業城 2 期 1805 室
電話：852-2172 6513 傳真：852-2172 4355

法律顧問／第一國際法律事務所余淑杏律師
印　　刷／韋懋實業有限公司

出版日期／2024年09月16日
定　　價／320元（缺頁或損毀的書，請寄回更換）
I S B N／978-626-7422-46-5

大樂文化

大樂文化